Ivonne Honekamp und Reinhard Uehleke

# Auswirkungen finanzieller Grundbildung auf die Altersvorsorgeentscheidung

Eine Evaluation des Volkshochschulkurses „Altersvorsorge macht Schule"

D1694508

Ivonne Honekamp und Reinhard Uehleke

# Auswirkungen finanzieller Grundbildung auf die Altersvorsorgeentscheidung

Eine Evaluation des Volkshochschulkurses „Altersvorsorge macht Schule"

Re Di Roma-Verlag
Remscheid

Bibliografische Information der Deutschen Nationalbibliothek:
Die Deutsche Nationalbibliothek verzeichnet diese Publikation in der
Deutschen Nationalbibliografie; detaillierte bibliografische Daten sind im
Internet über http://dnb.ddb.de abrufbar.

Ivonne Honekamp und Reinhard Uehleke
Auswirkungen finanzieller Grundbildung auf die Altersvorsorgeentscheidung
ISBN 978-3-86870-487-7

Bestellung und versandkostenfreie Auslieferung:
Ivonne Honekamp, Bismarckstr. 14, 02826 Görlitz
E-Mail: ivonne@honekamp.de

Umschlagillustration: C-PROMO.de / photocase.com

Copyright (2012) Re Di Roma-Verlag, Remscheid

www.rediroma-verlag.de
10,95 Euro (D)

# Vorwort

Bei diesem Buch handelt es sich um die Veröffentlichung des Projektberichts, welcher im Auftrag des Forschungsnetzwerks Alterssicherung der deutschen Rentenversicherung (FNA) erstellt wurde. Das Projekt wurde 2008 beantragt und im November 2009 am Lehrstuhl für Volkswirtschaftslehre, insbesondere empirische Mikroökonomik von Prof. Dr. Johannes Schwarze begonnen. Ein besonderer Dank gilt dem Forschungsnetzwerk Alterssicherung für die finanzielle Unterstützung des Projektes und den Mitarbeitern der Rentenversicherung für die gute Zusammenarbeit. Alle Daten, die in dieser Arbeit Verwendung finden, wurden im Rahmen dieses Projektes generiert. Zudem bedanken wir uns beim Mannheim Research Institute for the Economics of Aging, da wir einige Fragen aus den SAVE Befragungen für unsere Studie übernehmen durften. Weitere Fragen stammen aus dem Vorsorgereport der Bertelsmann-Stiftung, welcher hier auch ein besonderer Dank gebührt. Ebenfalls bedanken wir uns bei unseren studentischen Hilfskräften, Lisanne Essel, Vanessa Neuschl, Christian Schanz, Lea Schwarze und Cristoph Wechsler für die flexible und zuverlässige Zuarbeit. Weiterhin bedanken wir uns bei Professor Dr. Susanne Rässler für die methodische Unterstützung bei der Durchführung der Kausalanalyse. Zum Schluss möchten wir uns noch unseres verstorbenen Projektleiters, Professor Dr. Johannes Schwarze gedenken, welcher die Ziele und die praktische Umsetzung des Forschungsvorhabens maßgeblich beeinflusst hat.

Görlitz im Oktober 2012                     Leipzig im Oktober 2012

Ivonne Honekamp                             Reinhard Uehleke

# Inhaltsverzeichnis

# Abbildungsverzeichnis

# Tabellenverzeichnis

# 1 Einleitung

In den Medien wird immer wieder auf die sinkenden Renten und die Notwendigkeit der privaten Altersvorsorge hingewiesen. Auch Wissenschaftler prognostizieren ein sinkendes Rentenniveau, welches dem demografischen Wandel und den darauf folgenden Rentenreformen geschuldet ist. Verstärkt wird dieses Phänomen noch durch Veränderungen auf dem Arbeitsmarkt. Schmähl (2008) argumentiert, dass es aufgrund von Arbeitslosigkeit, Teilzeitarbeit und anderen atypischen Arbeitsverhältnissen, in welchen sich viele Personen im Laufe ihres Erwerbslebens wiederfinden, immer schwieriger wird, ausreichend hohe Rentenanwartschaften zu erzielen, welche die Grundsicherung übersteigen. Besonders betroffen sind Personen, aus den neuen Bundesländern und Geringqualifizierte (Geyer und Steinmeier, 2010)

Das Altersvermögensgesetz (AVmG) und das Altersvermögensergänzungsgesetz (AVmEG) aus dem Jahr 2001 leiteten den Systemwechsel von einem umlagefinanzierten Beitragssystem zu einer teilweise kapitalgedeckten Altersvorsorge ein (Heidler 2009). Wegen des demographischen Wandels war die Reform nötig, um die gesetzliche Rentenversicherung finanzierbar zu halten (Börsch-Supan und Gasche 2010) und um den Beitragssatz zur Rentenversicherung zu stabilisieren (Heidler 2009).

Mit der Rentenreform 2001 und der damit verbundenen Einführung der Riester-Rente wurde somit ein Teil der Verantwortung für ein ausreichendes Alterseinkommen auf die Individuen übertragen. Betriebliche und private Altersvorsorge bekamen einen höheren Stellenwert. Schnell reagierte die Finanzwelt und brachte die ersten Produkte auf den Markt. Aber selbst im Jahr 2007 können nur 56% der Deutschen erklären, worum es sich bei Versicherungsvariante der Riester-Rente handelt, und noch weniger, nämlich 41%, haben Vorstellungen über einen durch Riester geförderten Fondssparplan (Canada Life 2007). Erschwerend kommt hinzu, dass die komplexen Entscheidungen über Höhe und Form der privaten Altersvorsorge nun auch von Menschen mit geringen Finanzmarktkenntnissen getroffen werden müssen

Deshalb hat sich die Initiative „Altersvorsorge macht Schule" auf die finanzielle Bildung von Erwachsenen im Hinblick auf die gesetzliche und private Altersvorsorge spezialisiert. Partner der Initiative sind nicht nur die Deutsche Rentenversicherung (DRV) und der Deutsche Volkshochschulverband, sondern auch die Bundesregierung, die Verbraucherzentrale Bundesverband, der Deutsche Gewerkschaftsverbund und die Bundesvereinigung der Deutschen Arbeitgeberverbände. Fachleute der DRV halten deutschlandweit an Volkshochschulen Kurse zur Vermittlung des für die Altersvorsorge nötigen Wissens. Im Nationalen Strategiebericht Alterssicherung 2005 des Bundesministeriums für Arbeit und Soziales (2006) heißt es, dass der Kurs „Altersvorsorge macht Schule" fehlende Informationen über die eigene Absicherung im Alter vermitteln und den Unsicherheiten im Umgang mit Vorsorgeprodukten, sowie der daraus resultierenden fehlenden Bereitschaft zum Abschluss entsprechender Verträge entgegenwirken soll. Momentan gibt es 237 Kurse an 150 Volkshochschulen in Deutschland[1]. In einem 12-stündigen Intensivkurs können sich die Teilnehmer für eine Kurgebühr von 20€ über alles Wichtige zur gesetzlichen und zusätzlichen Altersvorsorge informieren lassen. Die Kursinhalte beschränken sich dabei nicht nur auf die drei Säulen der Alterssicherung, sondern es werden auch Informationen über die Grundregeln der Finanzmathematik wie zum Beispiel die Auswirkungen von Inflation und Zinseszins sowie zu alternativen Anlageformen wie Immobilien vermittelt (Deutsche Rentenversicherung Bund 2008).

Da erst auf der Basis einer fundierten Kenntnis der Absicherung im Alter durch die gesetzliche Rentenversicherung sind rationale Entscheidungen über Höhe und Form einer zusätzlichen privaten Altersvorsorge oder betrieblichen Altersversorgung möglich (Bundesministerium für Arbeit und Soziales 2006). Die Fähigkeit zur Einschätzung der eigenen Absicherung für das Alter durch die gesetzliche Rentenversicherung kann jedoch nicht vorausgesetzt werden, und deshalb wird in diesem Bericht besonders analysiert, wie gut sich die Befragten mit der Altersvorsorge auskennen und welche Einstellung sie zur gesetzlichen Rente und anderen Vorsorgemöglichkeiten haben.

Der VHS-Kurs „Altersvorsorge macht Schule" soll unter anderem den Individuen helfen, sich besser auf dem Finanzmarkt zu orientieren, um dann eine geeignete Anlageform zu wählen. Eine Fragestellung unseres Projekts ist, ob die im VHS-Kurs vermittelten Informationen dazu beitragen, dass die Teilnehmer sich sicherer im Umgang mit Altersvorsorgeprodukten fühlen. Zudem kann analysiert werden, inwieweit der Kurs zu einem vermehrten Abschluss von Riester- oder sonstigen Sparverträgen geführt hat. Diese Forschungsfragen lassen sich dem Forschungsbereich „Wirkungsanalyse des Alterssicherungssystems" zuordnen. Die Beratung erfolgt anbieterneutral, damit der Verbraucher nach Teilnahme am Kurs dazu in der Lage ist, eigenständig die für ihn beste Vorsorgeentscheidung zu treffen.

Das Forschungsprojekt „Auswirkungen finanzieller Grundbildung auf die Altersvorsorgeentscheidung" beschäftigt sich mit der Evaluation des VHS-Kurses „Altersvorsorge macht Schule". Im Zentrum des Interesses steht unter anderem die Frage, ob der Kurs das Wissen über und die Einstellung zu verschiedenen Finanzmarktprodukten verändert hat und ob eine Veränderung des Altersvorsorgeverhaltens der Teilnehmer nach-

---

[1] http://www.altersvorsorge-macht-schule.de/kursfinder.html

gewiesen werden kann. Dazu werden die Kursteilnehmer jeweils vor und nach dem Kurs über ihre Einstellung zum Sparen, zu verschiedenen Altersvorsorgeprodukten, zu ihrem finanziellen Wissen und zu ihrer zukünftigen finanziellen Situation im Alter befragt und mit Daten aus einer Telefonstichprobe verglichen, welche im Rahmen des Evaluationsprojektes erhoben wurden. Außerdem werden die Kursteilnehmer ca. 12 Monate nach Kursteilnahme erneut zur Altersvorsorge befragt, um herauszufinden, inwiefern die Teilnehmer ihr Altersvorsorgeverhalten tatsächlich verändert haben. Die Datenerhebung und das Stichprobendesign werden in Kapitel 4 beschrieben.

Die Befragung ist von besonderem politischem Interesse, da mangelndes Wissen um die richtige Altersvorsorge ein wichtiger Grund für eine zu geringe eigene Vorsorgeleistung sein kann. Auf der anderen Seite spielt jedoch auch die Marktstruktur eine wichtige Rolle. Wenn zum Beispiel eine Bildungsmaßnahme zwar Effekte erzielt, aber die Teilnehmer ihre Sparentscheidung in einem ausreichendem Zeitintervall nicht optimieren, so ist das ein Indiz dafür, dass Mangel an finanzieller Vorbildung nicht der Grund für eine zu geringe Eigenvorsorge ist, sondern dass der Markt für die geförderte Altersvorsorge anders reguliert werden muss, um das nötige Maß an privater Altersvorsorge sicherzustellen. Die Bandbreite einer erforderlichen Regulierung kann von stärkerer Kontrolle der Anbieter und des Angebots bis hin zur Einführung einer „freiwilligen Pflichtversicherung" reichen (Werner und Oehler 2009).

## 1.1   Ziele

Ziel dieses Berichts ist eine ausführliche Evaluation des Volkshochschulkurses „Altersvorsorge macht Schule". Neben der gesetzlichen Rente gibt es viele Wege, für das Alter vorzusorgen, was es nicht einfach macht, das richtige Vorsorgeprodukt zu wählen. In diesem Bericht wird gezeigt, wie der Kurs die persönlichen Einstellungen der Kursteilnehmer zu verschiedenen Produkten, die möglicherweise für die Altersvorsorge in Frage kommen, verändert. Auch die gesetzliche Rente und die Erwartungen, die an diese gestellt werden, sind bei der Altersvorsorgeentscheidung von besonderer Bedeutung. Mit den monetären Erwartungen an die gesetzliche Rente sind zum Beispiel die Ruhestandsentscheidung und die Art und Höhe der privaten Altersvorsorge verbunden. Hier stellt sich die Frage, ob Individuen in der Lage sind, alle Faktoren in ihre Erwartungsbildung mit einzubeziehen, die das zukünftige Einkommen sowie den zukünftigen Bedarf bestimmen. Durch den Kurs werden den Kursteilnehmern womöglich Informationen zur Entscheidungsfindung an die Hand gegeben, welche sie zuvor noch nicht berücksichtigt haben. Ist dieses der Fall, ändern sich nach dem Kurs vermutlich die Erwartungen und die darauf basierenden Planungen der Kursteilnehmer.

Aus den theoretischen Grundlagen des nächsten Kapitels werden Hypothesen herausgearbeitet, welche es empirisch zu belegen oder zu verwerfen gilt. Eine dieser Hypothesen deutet darauf hin, dass der Kurs bei denjenigen, die vor dem Kurs besonders schlecht über die Altersvorsorge informiert waren, zu stärkeren Verhaltensanpassungen führen wird als bei Personen, die bereits vor dem Kurs gut informiert waren. Die restlichen Hypothesen beziehen sich auf die Teilnahmeentscheidung am Seminar. Im Bericht wird hierzu mit Hilfe einer unabhängigen Telefonstichprobe (keine Befragung der Kursteilnehmer) den Fragen nachgegangen, wer an einem Kurs teilnehmen würde, und falls nicht, warum ein solcher Kurs nicht in Frage kommen würde. Ein den bisher diskutierten Zielen übergeordnetes Ziel dieses Berichts ist es aber, eine Wirkungsanalyse durchzuführen, welche es ermöglicht von kausalen Zusammenhängen zwischen Kurs und bestimmten Outcome Variablen zu sprechen. Die gewählte Methode des Propensity Score Matchings ermöglicht es zu bestimmen, ob eine Verhaltensänderung durch den Kurs herbeigeführt wurde oder ob diese Veränderung auch ohne die Kursteilnahme erfolgt wäre.

## 1.2  Gliederung

Im folgenden Kapitel 2 werden zunächst die theoretischen Grundlagen gelegt, welche die darauf folgenden empirischen Analysen leiten. Der Stand der Forschung wird in Kapitel 3 präsentiert. Einen Überblick über die Datenerhebung stellt der Methodenbericht dar (Kapitel 4). Das darauf folgende Kapitel 5 werden zum Einen die demografischen Merkmale der Kursteilnehmer mit denen des Mikrozensus verglichen und zum anderen wird mit Hilfe einer vom Kurs unabhängigen Telefonbefragung analysiert welche persönlichen Merkmale einen Einfluss auf eine potentiellen Kursteilnahme haben. Nach der deskriptiven Auswertung der kurspezifischen Fragen in Kapitel 6, welche die Beurteilung des Kurses durch die Teilnehmer beschreibt, folgt in Kapitel 7 eine deskriptive Analyse möglicher Kurseffekte. Hierzu zählen zum Beispiel die Veränderungen des finanziellen Wissens oder der persönlichen Einstellung zu verschiedenen Altersvorsorgeprodukten. Anschließend zeigt Kapitel 8, welche Altersvorsorgeprodukte die Befragten bereits besitzen, was sie im Bereich der privaten Altersvorsorge planen und ob sie die Planungen in die Tat umgesetzt haben.

Um den kausalen Zusammenhang von Kursbesuch und verändertem Sparverhalten zu analysieren, wird in Kapitel 9 zunächst das erforderliche Propensity Score Matching beschrieben. Dann wird das Propensity-Score-Matching mit den zur Verfügung stehenden Beobachtungen ohne fehlende Werte durchgeführt und analysiert. Kapitel 10 erörtert die Imputation der Kovariaten zur Berechnung des Propensity Scores, sowie das

Matching nach Imputation der Propensity Scores. In Kapitel 11 können auf Grundlage dieser Methoden sodann Aussagen über die Kausaleffekte des Kursbesuchs für die gemessenen Ergebnisvariablen getroffen werden. Kapitel 12 diskutiert die Ergebnisse im Zusammenhang mit den aufgestellten Hypothesen und Kapitel 13 beendet den Bericht mit Schlussfolgerungen.

# 2 Theoretische Grundlagen

Um eine optimale Entscheidung bezüglich der finanziellen Planung für das Alter treffen zu können, sind Kenntnisse der eigenen Absicherung im Alter und der verschiedenen Möglichkeiten zusätzlicher Altersvorsorge Voraussetzung. Theoretische Ansätze zur Analyse von intertemporalen Konsum- und Sparentscheidungen des Konsumenten basieren zu einem großen Teil auf dem Lebens-Zyklus-Modell von Modigliani und Brumberg (1954). Nach diesem Modell handeln Individuen rational und vorausschauend. Sie sind optimal über alle Handlungsmöglichkeiten informiert und kennen ihre Auswirkungen. Im Ergebnis führt das Modell dazu, dass Individuen ihren Konsum gleichmäßig auf die einzelnen Lebensabschnitte verteilen. Sie sparen in Zeiten, in denen sie ein hohes Einkommen haben, und verbrauchen Ersparnisse in Zeiten mit keinem oder nur geringem Einkommen, also insbesondere im Rentenalter.

Selbst wenn die Welt so einfach wäre, wie in diesem theoretischen Grundmodell angenommen, erfordert sie von den Konsumenten schon ein hohes Maß an Wissen. Sie müssen Erwartungen bezüglich ihres zukünftigen Arbeitseinkommens, ihrer Lebenserwartung und der Länge des Arbeitslebens, der Zinsen, Aktienkurse, Inflation und ihres Renteneinkommens bilden. Weiterhin spielen die Zeitpräferenz und die Risikoneigung der Konsumenten eine große Rolle. Individuen, die die Zukunft nur in einem geringen Maße abdiskontieren, also auch den Konsum in der Zukunft wertschätzen, werden mehr sparen als Menschen, die dem zukünftigen Konsum nur einen geringen Nutzen beimessen. In einer unsicheren und komplexen Welt bedarf selbst das Einholen aller relevanten Information eines großen Maßes an finanzieller Bildung, ganz abgesehen von finanzmathematischen Grundkenntnissen wie der Zinseszinsrechnung oder der Berechnung des Zeitwerts des Geldes. Fehlen diese Informationen und Kenntnisse oder sind sie nur unzureichend vorhanden, sind suboptimale Sparentscheidungen die Folge. Seminare zur finanziellen Grundbildung können helfen, Wissenslücken zu schließen und die individuelle Wohlfahrt der Teilnehmer zu erhöhen.

Welche Folgen hat vermehrte finanzielle Grundbildung, die durch Seminare vermittelt wird? Die intendierte Wirkung ist eine Zunahme und Optimierung der privaten Altersvorsorge. Finanzielle Bildung soll dazu führen, dass dem Konsumenten neue Informationen und Entscheidungswege zugänglich gemacht werden und dass dadurch das Sparverhalten verändert wird. Eine Zunahme privater Ersparnis nach Seminaren könnte aber auch daraus folgen, dass Individuen infolgedessen die Zukunft weniger stark abdiskontieren (vgl. Maki 2004). Auch eine Veränderung der Risikoeinstellung kann eine mögliche Folge von Seminaren sein. Diese verschiedenen Wirkungskanäle sind bei der Analyse und Evaluation von Finanzbildungsseminaren zu berücksichtigen.

Becker und Mulligan (1997) stellen ein Modell vor, in dem die Zeitpräferenz als endogene Variable betrachtet wird. Aus diesem Modell lassen sich auch Hypothesen für die Evaluation des VHS-Kurses ableiten. Die Intensität des Altersvorsorgesparens wird entscheidend durch die Höhe der individuellen Zeitpräferenzrate bestimmt. Je höher die Zeitpräferenz, desto eher tendiert ein Individuum dazu, in der Gegenwart statt in der Zukunft zu konsumieren. Das Individuum schätzt also den gegenwärtigen Nutzen des Konsums höher ein als den des zukünftigen. Die meisten ökonomischen Modelle betrachten die individuelle Zeitpräferenz als exogen und zeitunabhängig.

Eine hohe Zeitpräferenzrate bei Individuen wird häufig auch als Selbstkontrollproblem und damit als Verhaltensanomalie bezeichnet, da vermutet wird, dass ein solches Verhalten nicht rational sei. Becker und Mulligan (1997) argumentieren aber, dass hohe Zeitpräferenzraten nicht zwangsläufig Verhaltensanomalien darstellen, da selbst rational handelnde Menschen die Zukunft übermäßig diskontieren könnten. Wenn diese das realisieren, besteht aber die Möglichkeit eine zu hohe Diskontierung bzw. das Selbstkontrollproblem durch bestimmte Anstrengungen und Investitionen, die natürlich nicht kostenlos sind, zu reduzieren, die zu einer realistischen Vorstellung der Zukunft beitragen. Dazu zählt auch die Fähigkeit, verschiedene Zukunftsszenarien durchspielen zu können. Insgesamt rücken damit die „zukünftigen Freuden des Lebens" stärker in das Bewusstsein des Individuums, die Zeitpräferenzrate sinkt und der künftige Nutzen wird höher eingeschätzt.

Das Modell von Becker und Mulligan (1997), in dem die Zeitpräferenz als endogene Variable betrachtet wird, kann als eine mögliche theoretische Grundlage für die Evaluierung des Volkshochschulkurses „Altersvorsorge macht Schule" herangezogen werden. Dazu werden zum einen die Entscheidung des Individuums, an einem Kurs teilzunehmen (Investition in die Bildung zukunftsorientierten Kapitals), und zum anderen die Auswirkungen des Kurses auf die Zeitpräferenzrate und damit auch auf das Sparverhaltendes Individuums analysiert. Ob ein Individuum sich für die Akquisition zukunftsorientierten Kapitals entscheidet, hängt von den damit verbundenen Kosten und Nutzen ab. Personen mit einer geringeren Zeitpräferenz werden aufgrund des höheren Stellenwertes zukünftigen Konsums mehr in zukunftsorientiertes Kapital investieren als Personen mit geringem Diskontfaktor. Auch das Vermögen hat einen Einfluss auf die Investitionsentscheidung. Mit steigendem Vermögen geht der Grenznutzen des Vermögens zurück (geringe Kosten für die Investition) und der zukünftige Nutzen durch die Investition in eine geringere Zeitpräferenz besonders hoch. Daraus folgt, dass vermögende Personen einen größeren Anreiz haben, in zukunftsorientiertes Kapital zu investieren, als weniger vermögende. Haben Vermögende aber auch ein hohes Einkommen, dann müssen die womöglich hohen Zeitkosten bei der Kosten-Nutzen-Abwägung berücksichtigt werden. Die hohen Opportunitätskosten der Zeit von Individuen mit hohem Einkommen erhöhen somit die Kosten für die Teilnahme am VHS-Kurs. Da ein hohes Einkommen aber meistens auf einen höheren Bildungsgrad oder besondere Fähigkeiten zurückzuführen ist, ist davon auszugehen, dass es diesen Personen besonders leicht fällt, die Inhalte des Kurses aufzunehmen und umzusetzen, was wiederum die Kosten reduziert und den zukünftigen Nutzen erhöht (nicht nur die Produktivität in Bezug auf die Einkommenserzielung ist hoch, sondern auch die Produktivität in der Akkumulation des zukunftsorientierten Kapitals). Es ist also unklar, ob bei Hocheinkommensbeziehern die Kosten oder die Erträge überwiegen. Da die Entscheidung zum Erwerb von zukunftsorientiertem Kapital vom zukünftigen Nutzen abhängt, führen Ereignisse, die den zukünftigen Nutzen erhöhen, dazu, dass ein Individuum in sein zukunftsorientiertes Kapital investiert. Dieses ist das Ergebnis der Komplementarität zwischen Zeitpräferenzen und zukünftigem Nutzen, das Becker und Mulligan (1997) in ihrem Modell zeigen können. Ereignisse, die den zukünftigen Nutzen erhöhen, sind zum Beispiel eine längere Lebenserwartung oder höhere Zinsen.

Welche Hypothesen für die Teilnahmeentscheidung lassen sich nun aus dem Modell ableiten?

H1:     Personen mit einer geringen Zeitpräferenz werden (c. p.) mit einer größeren Wahrscheinlichkeit am Seminar teilnehmen als Personen mit hoher Zeitpräferenz.

H2:     Individuen mit einem höheren Vermögen werden (c. p.) mit einer größeren Wahrscheinlichkeit am Seminar teilnehmen als Personen mit geringem Vermögen

H3:     Der Einfluss von Einkommen auf die Teilnahmeentscheidung ist (c. p.) unklar. Hier wirken die Opportunitätskosten der Zeit und der zukünftige Nutzen in unterschiedliche Richtungen.

H4:     Personen mit einer längeren Lebenserwartung werden (c. p.) mit einer größeren Wahrscheinlichkeit am Seminar teilnehmen als Personen mit geringer Lebenserwartung.

Betrachten wir nun die Auswirkungen des Kurses auf die Zeitpräferenzrate des Individuums. Im Modell wird angenommen, dass der Effekt des zukunftsorientierten Kapitals auf die Zeitpräferenzrate mit jeder zusätzlichen Einheit dieses Kapitals abnimmt. Der Besuch des Volkhochschulkurses wird dementsprechend eher bei denen zu Veränderungen der Zeitpräferenzrate und damit des Sparverhaltens führen, die bisher nur wenig in ihr zukunftsorientiertes Kapital investiert haben. Das heißt, dass die Auswirkungen des VHS-Kurses für Personen, die sich bereits Gedanken über ihr Leben im Alter gemacht haben, sich mit Vorsorgeprodukten auskennen und vielleicht sogar einen langfristigen Sparvertrag (wie z.b. Kapitallebensversicherung oder private Rentenversicherung) abgeschlossen haben, eher gering sein werden. Daraus lässt sich nun folgende Hypothese für die Auswirkungen des VHS-Kurses ableiten:

H5: Die Zeitpräferenzrate von Personen mit einer geringeren a-priori-Ausstattung mit zukunftsorientiertem Kapital wird stärker sinken als bei Personen mit einer hohen a-priori-Ausstattung. (Das bedeutet gleichfalls, dass Personen mit einer a-priori-geringeren Vorstellungskraft der Zukunft nach dem Kurs ihr Altersvorsorgesparen stärker erhöhen als Personen, die sich auch schon vor dem Kurs ein realistisches Bild von ihrer Zukunft machen konnten.)

Eine Annahme des Modells von Becker und Mulligan (1997) ist, dass die Investitionen in zukunftsorientiertes Kapital immer dazu führen, dass dem zukünftigen Konsum ein höherer Nutzen beigemessen wird und sich die Zeitpräferenz verringert. Sie räumen aber auch ein, dass eine Investition in zukunftsorientiertes Kapital zwar meistens den Lebensnutzen erhöht, sich allerdings das Gewicht, das dem zukünftigen Konsum beigemessen wird, verringern kann. Dieses ist z. B. dann der Fall, wenn Konsumenten feststellen, dass ihre Sparanlagen in der Zukunft einen geringeren Nutzen stiften, als sie geglaubt hatten.

Im Folgenden wird ein theoretisches Modell eingeführt, welches den Weg zur privaten Altersvorsorge darstellt (Honekamp 2012). Dieses basiert zu einem großen Teil auf der Theorie von Becker und Mulligan (1997) und ermöglicht eine Einordnung der in diesem Bericht zu analysierenden Handlungen und Entscheidungen der Befragungsteilnehmer. Das Modell wir in Abbildung 2-1 als Ablaufplan skizziert.

1. Die erste Hürde zur finanziellen Absicherung im Alter ist die, dass man sich die Zeit nehmen muss, um sich Gedanken über die Altersvorsorge und das Leben im Alter zu machen. Da die Zeit für viele ein knappes Gut ist und für erfreulichere und momentan für wichtiger erscheinende Dinge als für die Altersvorsorge verwendet werden könnte, ist es nicht leicht, diese Hürde zu überwinden. Gewisse Ereignisse können hier den Anstoß geben. Dazu kann zum Beispiel der Besuch der Großeltern, die in den Medien diskutierten Rentenreformen oder auch die Finanzkrise gehören. Alle diese Impulse führen dazu, dass die Altersvorsorge ein Stück weit in die Gegenwart transferiert wird und sich das zukunftsorientierte Kapital der betroffenen Person allein durch die Aufnahme dieser Eindrücke erhöht. An diesem Punkt sollte man sich darüber Gedanken machen, wie viel Ein-

kommen man für das Leben im Alter benötigt und wie viel dieses Einkommens womöglich durch die gesetzliche Rente gedeckt wird. Bereits an diesem Punkt kann es hilfreich sein, Experten zu Rate zu ziehen. So können ältere Menschen berichten, wie sich ihre Ausgaben verändert haben seitdem sie nicht mehr arbeiten, und die Rentenversicherung kann bei der Interpretation der Renteninformation helfen.

**Abbildung 2-1: Der Weg zur privaten Altersvorsorge**

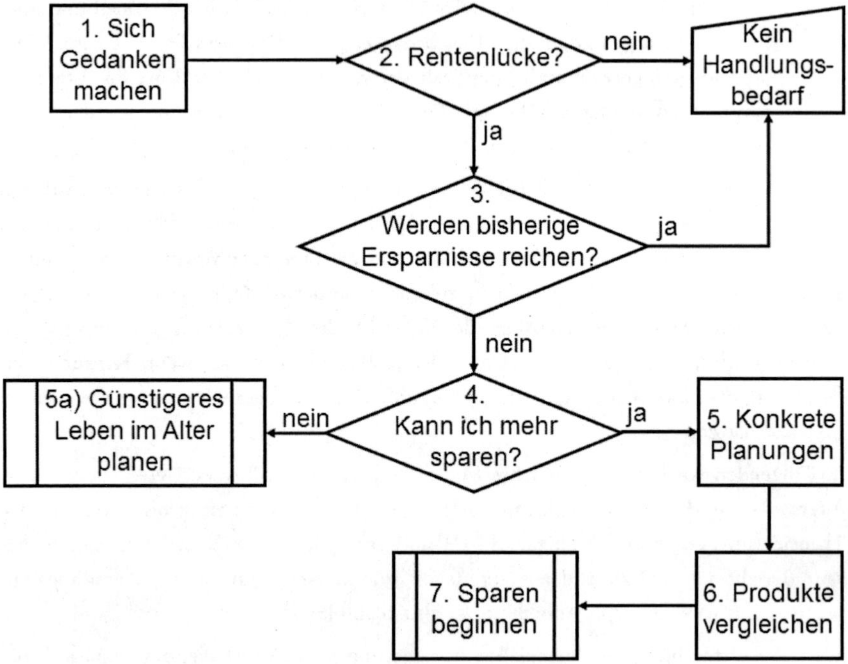

```
┌──────────┐                                              ┌──────────┐
│ 1. Sich  │                        nein                  │   Kein   │
│ Gedanken │────────▶ 2. Rentenlücke? ────────────────▶  │Handlungs-│
│ machen   │                                              │  bedarf  │
└──────────┘              │                               └──────────┘
                          ja                                    ▲
                          ▼                                      │
                  3.                          ja                 │
             Werden bisherige ──────────────────────────────────┤
             Ersparnisse reichen?                                │
                          │                                      │
                        nein                                     │
                          ▼                                      │
┌──────────────┐        4.                   ja          ┌──────────┐
│5a) Günstigeres│  nein  Kann ich mehr ─────────────────▶│5. Konkrete│
│Leben im Alter│◀─────── sparen?                         │ Planungen │
│   planen     │                                         └──────────┘
└──────────────┘                                               │
                                                               ▼
                  ┌──────────┐              ┌──────────┐
                  │7. Sparen │◀─────────────│6. Produkte│
                  │ beginnen │              │vergleichen│
                  └──────────┘              └──────────┘
```

2.  Nachdem in Punkt 1 abgeschätzt wurde, wie viel Geld man im Alter benötigt und wie viel Alterseinkommen aus der gesetzlichen Rente erzielt werden kann, werden die beiden Größen gegenübergestellt, um festzustellen, ob eine Rentenlücke zu erwarten ist. Eine Rentenlücke bedeutet, dass die gesetzliche Rente nicht ausreichen wird, um das Einkommen im Alter zu erzielen, welches man benötigt, um angemessen leben zu können. Kommt man zu dem Entschluss, dass es keine Rentenlücke geben wird, ist kein Handlungsbedarf notwendig. Ist dagegen eine Rentenlücke zu erwarten, dann müssen weitere Optionen zum Schließen der Lücke geprüft werden.

3. Hierzu gehört die Bestandsaufnahme zur Vermögenssituation, einschließlich der zu erwartenden Einkünfte aus laufenden Sparverträgen. Hierzu zählen zum Beispiel Lebensversicherungen, alle Arten von privaten Rentenversicherungen, vermögenswirksame Leistungen und der Bausparvertrag. Reichen diese Sparmaßnahmen aus, vorausgesetzt natürlich, dass sie nicht für andere Ausgaben als die Altersvorsorge verplant sind, besteht kein weiterer Handlungsbedarf.

4. Es gilt nun zu prüfen, ob noch finanzielle Mittel für die Altersvorsorge vorhanden sind. Dieses ist für viele die zweite große Hürde, an der die private Vorsorge scheitern kann. Stehen auf den ersten Blick keine finanziellen Mittel zur freien Verfügung, sollte man sich darüber Gedanken machen, ob es möglich ist, in anderen Bereichen Einsparungen vorzunehmen. Bei diesen Überlegungen kann es sinnvoll sein, einen Berater zur Schuldenprävention oder Schuldnerberater hinzuzuziehen. Eine Beratung kann zum Beispiel dabei helfen, Schulden zu vermeiden, die entstehen könnten, wenn an falscher Stelle zugunsten der Altersvorsorge gespart wird. Stehen keine finanziellen Mittel zur Verfügung, ist es dennoch möglich, weitere Maßnahmen zur Altersvorsorge zu ergreifen, siehe 5a). Ist noch Geld für die Altersvorsorge übrig, dann folgt der nächste Schritt.

5. Nun müssen konkrete Planungen folgen. Dazu gehört zunächst einmal das Einholen von Informationen zu verschiedenen Altersvorsorgeprodukten, um entscheiden zu können, welches Produkt für den Einzelnen geeignet ist. Informationen zu Altersvorsorgeprodukten werden von verschiedenen Stellen angeboten, wie zum Beispiel von den Volkshochschulen, den Verbraucherzentrale, der Rentenversicherung, den Banken, den Versicherungen, durch das Internet oder durch Zeitschriften. Das Produktspektrum reicht von verschiedenen „Riester"-Produkten über Lebensversicherungen und Aktien bis hin zum Immobilienbesitz. Wurde ein geeignetes Produkt gefunden, geht es daran, die Planungen in die Tat umzusetzen.

6. Hierzu müssen jetzt Produkte von unterschiedlichen Anbietern miteinander verglichen werden, um ein möglichst gutes Preis-Leistungs-Verhältnis zu erzielen. Da es aufgrund der Komplexität und oft versteckten Kosten für die meisten Personen schwer sein wird, Produkte miteinander zu vergleichen, kann man in diesem Fall auch auf Produktvergleiche von zum Beispiel der Stiftung Warentest oder der Wirtschaftswoche zurückgreifen (zu den Schwierigkeiten beim Vergleich von Riester-Produkten siehe Oehler 2009).

7. Hat man sich für ein Produkt und einen Anbieter entschieden, kann das Altersvorsorgesparen beginnen.

5a. Stehen jemandem keine finanziellen Mittel für die Altersvorsorge zur Verfügung, ist es dennoch möglich, Maßnahmen zur Altersvorsorge zu ergreifen. Hierzu ist es notwendig sich Gedanken darüber zu machen, wie man im Alter kostengünstig leben kann. Hierzu gehört, dass man sich auch mit dem Wohnen im Alter beschäftigt. Möglicherweise wäre ein Umzug in eine kleinere, billigere Wohnung in einer Wohngegend mit guter Infrastruktur für Senioren sinnvoll. Das Auto kann womöglich verkauft werden. Zudem gibt es die Möglichkeit eine Wohngemeinschaft zu bilden oder in ein Mehrgenerationenhaus zu ziehen. Beide Optionen tragen dazu bei, dass man durch gegenseitige Hilfen Geld sparen kann. Jeder macht das, was er noch kann, zum Beispiel Einkaufen, Kochen, Reparaturen und Babysitten (Schiekiera 2011). Eine weitere Möglichkeit ist die Gründung oder der Beitritt in eine Genossenschaft. Solange man sich jung fühlt und fit ist, hilft man älteren Genossenschaftsmitgliedern und baut für die investierte Zeit ein eigenes Zeitkonto auf. Ist man später hilfsbedürftig, kann man sein Zeitkonto abbauen, indem man selbst für diese Zeit eine kostenlose Hilfe erhält (Kopp-Wichmann 2010; Bigalke 2009). Bei den gerade genannten Sparmöglichkeiten im Alter handelt es sich lediglich um eine kleine Auswahl an Beispielen und Anregungen. Im Internet, den Medien oder bei Städten und Gemeinden ist es möglich, weitere nützliche Hinweise zum Leben im Alter zu erhalten.

# 3 Stand der Forschung

Eine Studie der Commerzbank (2003) zeigt, dass nur 5% der Deutschen gute bis sehr gute Kenntnisse in Finanzangelegenheiten aufweisen. Dasselbe gilt für die Niederlande (Rooij van et al. 2011) und die meisten anderen OECD-Länder (Organisation for Economic and Development 2005). In den USA wird die Bedeutung der finanziellen Grundbildung bereits seit den 1990ern von Politikern, Banken, Arbeitgebern und Wissenschaftlern diskutiert (vgl. Bernheim 1994). Seitdem bieten viele amerikanische Unternehmen Altersvorsorgeseminare für ihre Beschäftigten an. In diesen Seminaren werden Themen wie zum Beispiel das Einschätzen der eigenen Bedürfnisse im Alter, die unterschiedlichen Wege der Altersvorsorge, die Investitionsterminologie sowie die verschiedenen Anlagemöglichkeiten unter Berücksichtigung der jeweiligen Risiken behandelt. Eines der Hauptziele solcher Seminare ist die Reduzierung der Opportunitätskosten zur Informationsbeschaffung und zur Planung der individuellen Altersvorsorge. Dieses sollte wiederum dazu führen, dass Seminarteilnehmer ihre Altersvorsorgestrategie überdenken und wenn nötig ihre Eigenvorsorge optimieren oder ausbauen.

Die Auswirkungen von Altersvorsorgeseminaren auf das Altersvorsorgeverhalten wurden in verschiedenen Studien analysiert (einen Überblick geben Lusardi und Mitchell 2007 und Lusardi 2008). Die Ergebnisse sind allerdings nicht immer eindeutig, da die Analysen häufig unter methodischen Problemen leiden. Eines der Probleme ist, dass die Teilnahme an den Seminaren zwar freiwillig, aber nicht zufällig ist. Teilnehmer und Nichtteilnehmer unterscheiden sich systematisch im Hinblick auf Vermögen, Sparneigung und viele andere Merkmale.

Grundsätzlich ist davon auszugehen, dass diese systematische Auswahl zu einer Unterschätzung der Auswirkungen von Seminaren auf das Sparverhalten führt. Bernheim und Garrett (2003) haben gezeigt, dass anstatt eines positiven Zusammenhanges sogar ein negativer Zusammenhang zwischen Seminar und Sparen beobachtet werden kann, der auf den Selektionseffekt zurückgeführt werden kann. Studien, die den kausalen Effekt von Finanzbildungsseminaren auf das Sparverhalten einigermaßen sauber herausarbeiten, sind selten. Lusardi (2004) nutzt die amerikanische „Health and Retirement Study" (HRS), um die Auswirkungen von Altersvorsorgeseminaren auf das Verhalten von Seminarteilnehmern zu analysieren. Diese Studie enthält umfangreiche Informationen zu den individuellen Charakteristika der Teilnehmer. Dazu zählen Informationen über die wirtschaftliche Vergangenheit, zukünftige Erwartungen, individuelle Präferenzen und Altersvorsorge sowie sonstiges Sozialversicherungsvermögen. Aufgrund dieser detaillierten Angaben ist es Lusardi (2004) möglich, die durch die oben skizzierten Probleme bedingten Verzerrungen der empirischen Analyse zu reduzieren.

Sie kann zeigen, dass die Seminarteilnahme tatsächlich zu einer erhöhten Sparaktivität führt. Insbesondere gilt dies auch für Individuen mit niedrigem Einkommen und geringer Bildung.

Duflo und Saez (2003) analysieren die Auswirkungen einer Vorsorgemesse (benefit fair) auf die Teilnehmer mittels eines Zufallsexperiments.[2] Dazu wurden die Abteilungen einer großen Universität zufällig in Versuchs- und Kontrollgruppen eingeteilt.[3] In den Versuchsabteilungen bekommen die Beschäftigten mit einer Wahrscheinlichkeit von 0.5 eine Einladung zur Messe, wobei die Teilnahme zudem mit 20 $ honoriert wird. Arbeitnehmer in Kontrollabteilungen erhalten keine Einladungen. Insgesamt hatte die Messe nur geringe Auswirkungen auf das Sparverhalten der Versuchsgruppe. Interessante Resultate, welche aus dieser Studie hervorgehen, sind zum einen, dass auch Kollegen derjenigen, welche die Einladung erhielten, vermehrt die Messe besucht haben (peer-effects). Zum anderen wurde fünf und elf Monate nach der Messe beobachtet, dass sich in den Versuchsabteilungen die Abschlussraten von betrieblichen Rentenversicherungen nicht zwischen denjenigen Personen, die 20 $ für die Teilnahme an der Messe erhielten, und den Kollegen unterschieden.

Clark et al. (2006) analysieren die Befragung von Teilnehmern an Seminaren zur finanziellen Bildung des TIAA-CREF Instituts, um herauszufinden ob die dort vermittelten Informationen die finanziellen Ziele und das Verhalten der Teilnehmer verändern.[4] Untersuchungsschwerpunkte sind dabei Veränderungen des angestrebten Ruhestandsalters, der Einkommensersatzrate im Alter und Veränderungen im allgemeinen Sparverhalten der Teilnehmer. Hierzu wurden drei Fragebögen an die Teilnehmer ausgegeben. Den ersten vor dem Seminar, den zweiten unmittelbar nach dem Seminar, und der dritte Fragebogen wurde den Teilnehmern ca. drei Monate nach dem Seminar zugesandt. Ergebnisse waren, dass das Ruhestandsalter kaum von der Seminarteilnahme beeinflusst wurde, wohl aber die Höhe der gewünschten Einkommensersatzrate. Zudem gaben 40% von denen, die bisher keine zusätzliche Altersvorsorge betrieben haben, an, dies nun tun zu wollen. Auch konnte gezeigt werden, dass viele Teilnehmer ihre Planungen in den ersten drei Monaten nach dem Seminar noch nicht umgesetzt hatten.

---

[2]Zufallsexperimente eignen sich besonders gut für die Analyse kausaler Zusammenhänge. Hier: Die Auswirkungen der Vorsorgemesse auf das Verhalten der Teilnehmer.

[3]In beiden Gruppen wurden nur Beschäftigte berücksichtigt, die vorher noch keine betriebliche Rentenversicherung (401 (k) plan) abgeschlossen hatten.

[4]Das amerikanische Institut TIAA-CREF bietet den Bediensteten an Universitäten die Möglichkeit sich in freiwilligen Seminaren über den Übergang in den Ruhestand, Investment Strategien und Altersvorsorgeprogramme zu informieren.

Auch in Deutschland gibt es seit 2007 eine großangelegte Bildungskampagne für Erwachsene. Unter dem Namen „Altersvorsorge macht Schule" bieten mehr als 500 Volkshochschulen in Deutschland in Zusammenarbeit mit der Deutschen Rentenversicherung Seminare rund um die Altersvorsorge an. Frommert (2008) hat eine Befragung unter den Teilnehmern durchgeführt, um auf der einen Seite die Zufriedenheit der Teilnehmer und die Qualität des Kurses und andererseits die Wirksamkeit der Kampagne zu evaluieren. Dazu wurden zwei Fragebögen verwendet. Der erste wurde von den Teilnehmern direkt im Anschluss an den Kurs beantwortet, der zweite wurde den Teilnehmern drei Monate nach dem Seminar zugesandt. Wie Clark et al. (2006) stellt auch Frommert (2008) fest, dass die Vorsätze der Seminarteilnehmer am Ende des Seminars oft nicht in die Tat umgesetzt werden.

In beiden zuletzt genannten Studien werden die Probleme der Selbstselektion und der Kausalität nicht explizit gelöst. Dieses ist der erste Punkt, welcher dieses Projekt von den bisherigen unterscheidet. Zum zweiten werden die Fragebögen zur Feststellung, ob die Seminarteilnehmer ihre Vorsätze bereits in die Tat umgesetzt haben, in den beiden vorgenannten Studien, bereits nach drei Monaten versendet. Dieser Zeitrahmen ist sehr kurz gewählt, wenn man bedenkt, dass es um weitreichende Investitionsentscheidungen geht. Viele werden neben der Bedenkzeit auch Zeit zum Einholen und Vergleichen von Angeboten benötigen. Daher wird die Folgebefragung erst ein Jahr nach dem VHS-Kurs stattfinden.

# 4 Methoden

Ende 2009 wurde der Projektantrag zu Evaluation des Volkshochschulkurses „Alters-vorsorge macht Schule" durch das Forschungsnetzwerk Alterssicherung der Deutschen Rentenversicherung angenommen. Primäres Ziel dieses Projektes ist es herauszufinden, ob Maßnahmen zur finanziellen Bildung der Bevölkerung einen Einfluss auf das Spar-verhalten haben. Weiterhin von Interesse sind Informationen über das Wissen zum Thema Altersvorsorge in der Bevölkerung und die Nutzung von Anlageformen, welche der privaten Altersvorsorge dienen.

Die Untersuchung erstreckt sich zum einen auf eine deutschlandweite Befragung aller Teilnehmer des VHS-Kurses „Altersvorsorge macht Schule" im Zeitraum von März 2010 bis Dezember 2010 und zum anderen auf die Telefonbefragung einer Zufallsstichprobe der deutschen Bevölkerung im Alter von 20-60 Jahren, ausgenommen sind Rentner und Pensionäre.

Die Kursteilnehmer wurden mit Hilfe eines paper-and-pencil-Interviews (PAPI) in drei Wellen befragt. Die erste Befragung wurde in der ersten Kursstunde realisiert, die zweite am Ende der letzten Kursstunde und die dritte ca. acht Monate nach Beendi-gung des Kurses. Es handelt sich hierbei um ein kleines Panel, da in der zweiten bzw. dritten Welle jeweils nur diejenigen befragt wurden, die schon an der vorangegangenen Befragung teilgenommen hatten. Die Erhebung der ersten Welle der Telefonbefragung erfolgte im Zeitraum von Mai bis Juni 2010, die Befragung für die zweite Welle wurde ein Jahr später von Mai bis Juni 2011 durchgeführt. Im Rahmen der Nacherhebung (Welle 2) wurden nur die Personen befragt, die bereits an der ersten Welle teilgenom-men hatten.

Im vorliegenden Methodenbericht wird zunächst die Konzeption der Untersuchung geschildert. Dann folgt getrennt für die Befragung der Volkshochschulkursteilnehmer und für die Telefonbefragung die Beschreibung der jeweiligen Erhebungsmethode, der Grundgesamtheit, der Stichprobe und der Ausschöpfungsquote. Anschließend wird die modellspezifische Datenimputation für die Telefonbefragung beschrieben. Abschließend wird auf notwendige Anpassungen eingegangen, welche sich im Laufe des Projektes bezüglich der im Projektantrag beschriebenen Vorgehensweise ergeben haben. Zudem werden mögliche Limitationen im Zusammenhang mit den Daten beschrieben.

## 4.1 Untersuchungskonzept

Eine Wirkungsanalyse, wie sie in diesem Projekt vorgenommen werden soll, wäre auf-grund der hohen Selektivität der Kursteilnehmer mit einer Vollerhebung bestehend aus

allen Teilnehmern nur eingeschränkt möglich. Aus diesem Grund wird neben der Kurs-
teilnehmerbefragung zusätzlich eine Zufallsstichprobe aus der in Deutschland lebenden
Bevölkerung mit Festnetzanschluss oder angemeldeter Mobilfunknummer als Kontrollgruppe zu denselben Themen befragt. Diese soll es ermöglichen festzustellen, wie sich
die Kursteilnehmer verhalten hätten, hätten sie nicht an dem Kurs teilgenommen.
Zuerst wird nun auf die Befragung der Kursteilnehmer eingegangen. Danach folgt die
Beschreibung der Telefonbefragung als computergestützte Telefoninterviews (CATI).

Bei der Gestaltung der Fragebögen und der Fragenformulierung wurde zu einem Teil
auf bereits durchgeführte Befragungen zurückgegriffen und zum anderen Teil wurden
eigene Frageformulierungen mit aufgenommen. Die beiden Befragungen, welche als
Vorlage dienten war die SAVE-Studie (Börsch-Supan et al. 2008), welche als Panel
Veränderungen im Sparverhalten der Bevölkerung untersucht und der Vorsorgereport
der Bertelsmann-Stiftung (Reifner et al. 2003).

## 4.2 Befragung der Kursteilnehmer

Die Befragung der Kursteilnehmer findet in drei Wellen statt. Die erste Befragungswelle
wird am ersten Kurstag durchgeführt. Hiermit soll der Wissensstand und das Altersvorsorgesparverhalten der Teilnehmer vor dem Kurs erfasst werden. Die zweite Befragung findet am Ende der letzten Kursstunde statt und dient dazu, um erneut das
Wissen und das Altersvorsorgesparverhalten zu erfassen. Zudem wird erfragt, ob in der
nächsten Zeit bestimmte Altersvorsorgemaßnahmen geplant sind. Um festzustellen, ob
Planungen tatsächlich in die Tat umgesetzt wurden oder ob sich das Wissen der Teilnehmer durch das Einholen von Angeboten von Altersvorsorgeprodukten weiterhin
verbessert hat, wurde die dritte Befragungswelle ca. ein Jahr nach Kursbeginn durchgeführt.

### 4.2.1 Erhebungsmethode PAPI

Alle drei Wellen wurden mittels eines PAPIs durchgeführt. Trotz der hohen Erreichbar-
keit welche durch PAPIs erreicht werden kann, gab es eine Zeit, in der Wissenschaftler
von dieser Befragungsmethode aufgrund ihrer Nachteile absahen. Seit einigen Jahren
erfreut sich diese Befragungsmethode aber wieder größerer Beliebtheit (Diekmann
2010). Als Nachteile der schriftlichen Befragung werden häufig aufgeführt,

- dass bei Verständnisproblemen der Interviewer nicht helfen kann,

- dass der Fragebogen deshalb besonders einfach strukturiert sein muss,

- dass nicht sichergestellt werden kann, dass die Zielperson den Fragebogen selbst
  ausfüllt

- dass Wissensfragen mit Zuhilfenahme von Internet und Lexika beantwortet werden könnten.
- dass die Rücklaufquote im Allgemeinen geringer ist als bei Persönlichen- oder Telefoninterviews.

Durch vorherige Pretests, bei denen zum Teil auch ein Projektmitarbeiter bei der Beantwortung der Fragen anwesend war, wurde versucht die Fragen herauszufiltern, die zu Verständnisproblemen geführt haben. Diese Fragen wurden dann dementsprechend vereinfacht. Da zumindest die ersten beiden Fragebögen in den Volkshochschulkursen von der gesamten Gruppe in Anwesenheit des Kursleiters ausgefüllt wurden, kann davon ausgegangen werden, dass die Zielperson den Fragebogen selbst beantwortet hat und keine Hilfsmittel zur Beantwortung der Fragen heranziehen konnte. Um sicherzustellen, dass der nach ca. einem Jahr, per Post, zugesandte Fragebogen von der Zielperson ausgefüllt wurde, wurde erneut Geschlecht und Geburtsjahr abgefragt. Damit kann kontrolliert werden, ob diese Angaben mit den vorigen Fragebögen übereinstimmen. Eine niedrige Rücklaufquote war bei der Teilnehmerbefragung ebenfalls nicht zu erwarten. Eine erste, durch die Deutsche Rentenversicherung durchgeführte, Evaluation des Kurses „Altersvorsorge macht Schule" im Jahr 2007 hat gezeigt, dass bei in den Kursen ausgegebenen Fragebögen Rücklaufquoten von bis zu 91% erreicht werden können (Frommert 2008). Drei Monate nach dem Kurs wurde den Teilnehmern der ersten Befragung ein Nachbefragungsbogen zugeschickt. Die Rücklaufquote dieses Fragebogens belief sich immerhin noch auf 49% (Frommert 2008). Zudem bekam jeder Kursteilnehmer zusammen mit dem ersten Fragebogen einen Kugelschreiber mit Aufschrift der Studie von uns geschenkt, um einen kleinen Anreiz zum Ausfüllen des ersten Fragebogens zu setzen. Weiterhin wurden unter denjenigen, die den zweiten und dritten Fragebogen ausgefüllt hatten, 45 Euro Wertgutscheine verlost, um die Rücklaufquote möglichst zu maximieren. Insgesamt lässt sich das PAPI für unseren Zweck als besonders geeignetes Befragungsinstrument identifizieren.

### 4.2.2 Grundgesamtheit

Die Grundgesamtheit der ersten Befragungswelle sind alle Teilnehmer des Volkshochschulkurses „Altersvorsorge macht Schule", die am ersten Kurstag anwesend waren. Es handelt sich um eine deutschlandweite Vollerhebung aller Kurse im Zeitraum von März 2010 bis Januar 2011. In der zweiten Welle bildeten die Befragten die Grundgesamtheit, die am letzten Kurstag anwesend waren und bereits den ersten Fragbogen vor dem Kurs beantwortet hatten. Die Grundgesamtheit in der dritten Welle (Befragung ein Jahr später) bildeten alle, die bereits die ersten beiden Fragebögen ausgefüllt hatten. Zudem wurden die Kursteilnehmer am letzten Kurstag darum gebeten, einen Umschlag an sich selbst zu adressieren, in welchen ihnen dann der dritte Fragebogen zugesandt wurde.

### 4.2.3    Ausschöpfungsquote Teilnehmerbefragung

In der ersten Jahreshälfte sollten in allen Kursen von März bis Juni 2010 Fragebögen an die Kursteilnehmer ausgegeben werden. In diesem Zeitraum fanden deutschlandweit 28 Kurse statt. Rückläufer erhielten wir aber nur von 11 Kursen. Grund für diese geringe Teilnahme der Kurse könnte der lange Kommunikationsweg zwischen der Forschungseinrichtung und den Kursleitern sein, welcher in diesem Kapitel noch genauer beschrieben wird. So kann es zum einen sein, dass die Fragebögen nicht jeden Kursleiter erreicht haben und/oder die Wichtigkeit der Befragung nicht ausreichend kommuniziert wurde. Insgesamt stehen für diesen Zeitraum 70 ausgefüllte erste Fragebögen zur Auswertung bereit. Positiv zu bewerten ist, dass es bei den Rückläufern aus den Kursen nur wenige Antwortverweigerungen gibt. Selbst sensible Fragen zum Einkommen (91%) und Vermögen (91%) weisen eine hohe Antwortquote auf.

Vergleicht man die Zahl der anwesenden Kursteilnehmer am ersten Tag mit den bei uns eingegangenen ersten Fragebögen, so resultiert eine Rücklaufquote von 69% für den ersten Fragebogen, was angesichts eines erwarteten Rücklaufs von 91% sehr gering ist (Tabelle 4-1). Der Rücklauf für den zweiten Fragebogen belief sich auf 64%. Erwartet hatten wir laut unserer Projektskizze ca. 600 Teilnehmer mit einer Rücklaufquote von 91%.

**Tabelle 4-1: Anzahl der Kursteilnehmer und beantwortete Fragebögen März-Juni 2010**

|  |  | Teilnehmer zu Beginn | Teilnehmer am Ende | 1. Fragbogen | 2. Fragebogen |
|---|---|---|---|---|---|
| 1 | Meppen | 5 | 4 | 2 | 1 |
| 2 | Osnabrück | 7 | 8 | 1 | 1 |
| 3 | Hannover | 17 | 12 | 9 | 9 |
| 4 | Papenburg | 9 | 7 | 8 | 2 |
| 5 | Düren | 8 | 7 | 5 | 5 |
| 6 | Köln | 7 | 6 | 6 | 6 |
| 7 | Halle | 7 | 7 | 6 | 6 |
| 8 | Ulm | 7 | 5 | 7 | 2 |
| 9 | Wiesbaden | 10 | 10 | 8 | 8 |
| 10 | Einbeck | 4 | 4 | 4 | 4 |
| 11 | Hannover | 10 | 10 | 9 | 8 |
| 12 | München | 11 | 12 | 5 | 6 |
|  | Summe | 102 | 90 | 70 | 58 |
|  | Rücklauf % |  |  | 68.63 | 64.44 |

Das Projektteam hat die Fragebögen erstellt und in Briefumschlägen verpackt an die Rentenversicherung Bund weitergeleitet. Diese hat dann die Fragebögen an die regionalen Rentenversicherungsträger weitergeleitet. Hier wurden die Fragebögen dann an die Kursleiter weitergegeben. Bei derartig langen Kommunikationswegen ist es möglich, dass der Informationsfluss beeinträchtigt wird. Der geringe Rücklauf von Fragebögen der Kurse, in denen welche ausgegeben wurden, könnte zudem auch auf die Länge der Fragebögen, die Komplexität der Befragung (drei in zeitlichen Abständen aufeinanderfolgende Fragebögen) oder die Sensitivität der Fragen zurückzuführen sein. Zwar wurde der Fragebogen nach Gesprächen mit den Veranstaltern auf maximal 10 Minuten gekürzt und es wurden einige sensitive Fragen gestrichen, dennoch ist der Rücklauf gering.

Aufgrund des geringen Rücklaufs wurde entschlossen, die Befragung auf die Herbst-/Winterkurse in den Volkshochschulkursen auszudehnen. Auch in den Kursen von September bis Dezember 2010 haben wir nur von 9 Kursen Rückläufer erhalten. Stattgefunden haben in diesem Zeitraum 25 Kurse (Tabelle 4-2). Die Rücklaufquoten der Kurse, die an der Befragung teilgenommen haben, beliefen sich für den ersten Fragebogen auf 77% und für den zweiten Fragebogen 91%.

**Tabelle 4-2: Anzahl der Kursteilnehmer und beantwortete Fragebögen Juli-Dezember 2010**

|   |            | Teilnehmer zu Beginn | Teilnehmer am Ende | 1. Fragebogen | 2. Fragebogen |
|---|------------|---------------------|--------------------|---------------|---------------|
| 1 | Hannover   | 7                   | 8                  | 7             | 7             |
| 2 | Nürnberg   | 9                   | 8                  | 9             | 4             |
| 3 | Dortmund   | 12                  | 6                  | 9             | 9             |
| 4 | Speyer     | 6                   | 5                  | 6             | 4             |
| 5 | Erlangen   | 10                  | 10                 | 9             | 9             |
| 6 | Hannover   | 10                  | 7                  | 3             | 2             |
| 7 | Haßfurt    | 7                   | 8                  | 7             | 7             |
| 8 | Bochum     | 8                   | 8                  | 3             | 3             |
| 9 | Neustadt   | 10                  | 8                  | 8             | 8             |
|   | Summe      | 79                  | 68                 | 61            | 53            |
|   | Rücklauf % |                     |                    | 77.22         | 91.38         |

Zum Schluss soll noch auf den Rücklauf des dritten Fragebogens eingegangen werden. Der dritte Fragebogen wurde ca. ein Jahr nach dem Kurs in einem Umschlag an die Kursteilnehmer versandt, den die Kursteilnehmer zuvor an sich selbst adressiert hatten. Dieser Umschlag wurde uns nach Kursende zusammen mit den ersten beiden Kursfragebögen vom Kursleiter oder den Befragten selbst zugesandt. Zurückgesandt wurden 58 dritte Fragebögen, das ist eine Rücklaufquote von ungefähr 50% gemessen am Rücklauf des zweiten Fragebogens.

## 4.3   Telefonbefragung

Die 1016 Befragungsteilnehmer der zufällig gewählten Haushalte für die Telefonbefragung werden in zwei Wellen befragt. Die erste Befragungswelle war von Mai bis Juni 2010 im Feld und die zweite Welle genau ein Jahr später von Mai bis Juni 2011. Auch hier wurden die Personen nach ihrem Altersvorsorgesparverhalten und ihrem Wissen zur Altersvorsorge befragt. Die Befragten erhielten jeweils einen ähnlichen Fragebogen wie die Kursteilnehmer, um das Verhalten beider Gruppen vergleichen zu können. Das bedeutet, dass viele Fragen aus dem Fragebogen der Kursteilnehmer den Fragen der Telefonstichprobe gleichen.[5]

---

[5] Fragebögen werden auf Anfrage vom Autor bereitgestellt.

## 4.3.1    Erhebungsmethode CATI

Die beiden Befragungen der Zufallsstichprobe werden mittels computergestützter Telefoninterviews (CATI) durchgeführt. Da Deutschland eine besonders hohe Telefonabdeckung zu verzeichnen hat, muss nicht mit Selektionsfehlern gerechnet werden (Diekmann 2010).[6] Eine repräsentative Umfrage ist somit möglich. Nicht erreichte Haushalte wurden an unterschiedlichen Tagen und Tageszeiten auf Wiedervorlage gelegt. Der Vorteil der Telefonbefragung gegenüber dem Zusenden eines schriftlichen Fragebogens ist, dass Wissensfragen gestellt werden können, da es am Telefon kaum eine Möglichkeit gibt Bücher oder das Internet als Hilfestellung heranzuziehen. Am Telefon besteht allerdings auch das Risiko der Antwortverweigerung, weil sich die befragte Person aufgrund der Wissensfrage unwohl fühlt. Deshalb wurde bei den Wissensfragen (bis auf eine Frage zum Zinseszins) darauf geachtet, dass die Befragungsteilnehmer die Frage beantworten können, ohne rechnen oder lange überlegen zu müssen.

## 4.3.2    Grundgesamtheit

Die 2010 gezogene Stichprobe umfasst 54.602 Telefonnummern inklusive Mobilfunk- und Geheimnummern. Diese Stichprobe wurde nicht selektiert, sie ist repräsentativ für die Gesamtbevölkerung, geschichtet nach Bundesländern. Hier wurden allerdings gleich zu Beginn des Interviews diejenigen herausgefiltert, die nicht zwischen 20 und 60 Jahre alt waren oder sich bereits in Rente oder im Ruhestand befanden. Die älteren Personen wurden nicht berücksichtigt, da für diese die private Altersvorsorge eine nicht so bedeutende Rolle spielt und auch davon ausgegangen wird, dass diese eher selten an dem Volkshochschulkurs „Altersvorsorge macht Schule" teilnehmen werden. Gerade diese Überlegung ist im Hinblick auf das Finden geeigneter Matchingpartner wichtig. Die unter 20 jährigen wurden hingegen nicht berücksichtigt, da sich viele noch in beruflicher oder schulischer Ausbildung befinden und daher eher selten in private Altersvorsorgeprodukte investieren, geschweige denn, sich bereits damit auseinandergesetzt haben.

## 4.3.3    Ausschöpfungsquote Telefonbefragung

In der ersten Welle konnten 1.016 brauchbare Telefoninterviews realisiert werden, was angesichts einer Bruttostichprobe von 54.602 Telefonnummern eine geringe Ausschöpfungsquote ist. Zu erklären ist diese zum einen dadurch, dass zu Beginn des Interviews

---

[6] Im Jahr 2002 waren in den alten Ländern 99% und in den neuen Ländern 98% der Haushalte erreichbar Heien und Kortmann (2003).

alle Personen, die über 60 Jahre alt oder bereits in Rente oder Ruhestand sind, aussortiert wurden. Zum anderen war vielen die Interviewdauer von ca. 30 Minuten zu lang und sie wollten sich zum Thema Altersvorsorge nicht äußern.

Von 1.016 Personen, welche am ersten Telefoninterview teilgenommen haben, nahmen 565 Personen ebenfalls an der zweiten Befragung teil. Allerdings wurde von drei Personen das Interview bereits im ersten Fünftel der Befragung abgebrochen. Weitere drei Personen brachen das Interview ab, als sie zu den Wissensfragen kamen.

Die Aufteilung der Befragten in hohe, mittlere und niedrige Bildung ergab, dass sich mit 55% eher die höher gebildeten an der Befragung beteiligt haben. Im Mikrozensus gehören zu dieser Gruppe zum Beispiel nur 31% der Bevölkerung im Alter von 20 bis 60 Jahren. Das Durchschnittsalter der Befragten ist 45, darunter sind 622 Frauen und 394 Männer. Da einige wichtige Merkmale, verglichen mit dem Mikrozensus, nicht bevölkerungsrepräsentativ sind, wurde eine Gewichtungsvariable generiert, welche die Merkmale Alter, Geschlecht und Bildung berücksichtigt. Auch für die zweite Telefonbefragung wurden Gewichte entsprechend der der ersten Befragung gebildet.

Im Projektbericht werden die Gewichtungen bei deskriptiven Statistiken herangezogen, um die Selektion abzumildern und um damit möglichst repräsentative Ergebnisse darstellen zu können. Von den Interviewern wurde berichtet, dass viele von denen, die an dem Interview teilnahmen, ein großes Interesse an Altersvorsorgethemen zeigten. So gab es auch einige, die im Bereich von Versicherungen und Banken tätig waren. Einer derartige Selektion kann man in der multivariaten Analyse damit entgegnen, in dem man die Variable „Wie gern beschäftigen Sie sich mit finanziellen Angelegenheiten" mit aufnimmt und/oder indem man für das subjektive und objektive Altersvorsorgewissen der Teilnehmern kontrolliert.

## 4.4   Imputation

Kaum vermeiden lassen sich bei Interviews aller Art, so auch bei den Tiefeninterviews, dass Antworten zu bestimmten Fragen verweigert werden. Antwortverweigerungen wurden im Datensatz als Missings (.) kodiert.[7] Da es einige Variablen gibt, bei denen es besonders viele Missings gibt, reduziert sich bei vielen Analysen, welche diese Variablen als erklärende Variablen mit aufnehmen, die Fallzahl erheblich. Aus diesem Grund wurde in solchen Fällen eine Imputation der Daten vorgenommen und den Ergebnissen der Analyse ohne Imputation gegenübergestellt. Bei den Daten der Volkshochschulbe-

---

[7] Im Rohdatensatz haben die Missings unterschiedliche Ausprägungen wie z.B. 99 oder 999, vor der Imputation müssen diese als Missings (.) gekennzeichnet werden.

fragung wurde auf eine Imputation verzichtet, da es hier zum einen weniger Antwortverweigerungen gab und zum anderen die gewonnene Nettostichprobe zu klein ist, um einen verlässliche Imputation durchführen zu können.

Es gibt verschiedene Verfahren, fehlende Werte zu ersetzen. Wir haben uns für die Multiple Imputation entschieden, weil diese im Vergleich zur „mean imputation" oder auch der „conditional mean imputation" Schätzungen mit geringeren Verzerrungen produziert. Die beiden ausgeschlossenen Imputationsmethoden generieren die imputierten Werte durch Modelle, welche lediglich die beobachteten Daten nutzen. Die imputierten Werte werden also behandelt, als hätte man sie beobachtet, tatsächlich sind Imputationen aber Schätzungen. Eine solche Vorgehensweise reduziert die Varianz und zerstört womöglich die Zusammenhänge zwischen den Variablen, des Weiteren werden zu kleine Standardfehler ausgegeben (UCLA: Academic Technology Services). Um eine größere Variation zu erzielen, wird die multiple Imputation (MI) vorgeschlagen, bei welcher die imputierten Werte aus einer Verteilung gezogen werden. Mithilfe dieses Verfahrens wird die Unsicherheit bei der Ersetzung der fehlenden Werte berücksichtigt. Für jeden Wert werden unter Berücksichtigung der im Datensatz vorhandenen Informationen mehrere Ersetzungen vorgenommen. Für die im Rahmen des Berichts durchgeführten Imputationen wurden zehn verschiedene imputierte Datensätze gebildet.

Die Varianz zwischen den beiden Imputationen sorgt dafür, dass die Standardfehler der Parameter nicht derartig unterschätzt werden wie in den beiden oben beschriebenen Verfahren. Denn zur Berechnung der Standardfehler der Parameter wird nicht nur die Varianz innerhalb der Imputationen herangezogen, sondern auch die Varianz zwischen den Imputationen. Mit einem geeigneten Imputationsmodell erhält man MI Koeffizienten mit geringeren Verzerrungen, als man erhalten würde, würde man auf eine Imputation verzichten und nur komplette Fälle analysieren.

Die Multiple Imputation wird, wie auch alle anderen Analysen in diesem Bericht, mit STATA durchgeführt. Diese Software bietet zum einen die Imputation nach dem „multivariate normal approach" an und zum anderen die „multiple impuation by chained equations (MICE)" (Little und Rubin 2002). Wir haben uns für die Imputation mit MICE entschieden, weil fast alle in den Analysen vorkommenden Variablen ordinal oder binär sind, sodass die dem „multivariate normal" Verfahren unterliegende Annahme der multivariaten Normalverteilung in den meisten Fällen nicht erfüllt werden kann.

Nun stellt sich Frage, welche Variablen in das Imputationsmodell mit aufgenommen werden sollen. Hier wurde so verfahren, dass für jede spezifische Analyse eine individuelle Imputation durchgeführt wurde, welche die Variablen enthält, die auch in der

Analyse vorkommen. Somit wurden auch Interaktionsterme und andere nicht-lineare Terme in das Modell aufgenommen.[8] Auch die jeweils abhängige Variable ist Teil des Imputationsmodells. Bei den der Imputation folgenden Analysen werden, wie von Hippel (2007) vorgeschlagen, die Imputationen der abhängigen Variable aber wieder als missings behandelt. Somit dient die Aufnahme der abhängigen Variable in das Modell nur der besseren Schätzung der unabhängigen Variablen.

Nach der Imputation können die Datensätze mit den herkömmlichen Verfahren analysiert werden. Die Schätzungen der einzelnen Datensätze werden dann zusammengeführt. So werden die Regressionskoeffizienten zum Beispiel berechnet, indem man deren Mittelwerte über (in unserem Fall) alle zehn imputierten Datensätze ermittelt. Insgesamt ist es so möglich, der Unsicherheit der imputierten Werte Rechnung zu tragen.

Im nun folgenden Abschnitt werden die für die Analysen wichtigsten Variablen der Telefonbefragungen und deren fehlende Werte auszugsweise etwas genauer betrachtet.

---

[8] Zur Behandlung von Interaktionstermen und andern nicht-linearen Termen im Imputationsmodell siehe von Hippel (2009); Wagstaff et al. (2009).

**Tabelle 4-3: Links: Fehlende Werte der ersten Telefonbefragung. Rechts: Fehlende Werte der zweiten Telefonbefragung**

| Variable | Missing | Komplett | | Variable | Missing | Komplett |
|---|---|---|---|---|---|---|
| wirtschule | 4 | 1,012 | | avsparen | 171 | 394 |
| zeitwirtschule | 4 | 1,012 | | gernfinang | 7 | 558 |
| gernfinang | 17 | 999 | | zeitpräfdringend | 9 | 556 |
| keinezeit | 3 | 1,013 | | zeitpräfresultat | 13 | 552 |
| zukwirtschaft | 6 | 1,010 | | risikogeld | 7 | 558 |
| zukgesundheit | 28 | 988 | | plantzukunft | 8 | 557 |
| zeitpräfdringend | 4 | 1,012 | | urlaub | 16 | 549 |
| zeitpräfresultat | 13 | 1,003 | | tageurlaub | 97 | 468 |
| risikogeld | 16 | 1,000 | | risikoregen | 8 | 557 |
| plantzukunft | 1 | 1,015 | | lebenserw | 52 | 513 |
| freizeit | 20 | 996 | | reicht | 36 | 529 |
| altersaversgebr | 10 | 1,006 | | subwissen_d | 12 | 553 |
| altersaverskrank | 13 | 1,003 | | intensiv | 5 | 560 |
| aufschieben | 7 | 1,009 | | einstieg | 5 | 560 |
| reicht | 117 | 899 | | gutinfo | 4 | 561 |
| planen | 17 | 999 | | riester | 24 | 541 |
| gedanken | 12 | 1,004 | | entgelt | 3 | 562 |
| subwissen_d | 39 | 977 | | zins | 5 | 560 |
| abschlag | 23 | 993 | | wissen | 37 | 528 |
| entgelt | 6 | 1,010 | | hheinkommen | 68 | 497 |
| riester | 65 | 951 | | einkommen | 68 | 497 |
| zins | 12 | 1,004 | | sparen | 8 | 557 |
| wissen | 88 | 928 | | dgernfinang | 7 | 558 |
| beitrag | 27 | 989 | | | | |
| eckrente | 23 | 993 | | | | |
| allwissen | 110 | 906 | | | | |
| einkommen | 253 | 763 | | | | |
| vermögen | 324 | 692 | | | | |
| alter | 2 | 1,014 | | | | |
| verheiratet | 1 | 1,015 | | | | |
| kinder | 1 | 1,015 | | | | |
| schule | 11 | 1,005 | | | | |
| sparen | 6 | 1,010 | | | | |
| dmehrvors | 20 | 996 | | | | |
| | 6 | 1,010 | | | | |
| | 28 | 988 | | | | |

Anmerkung: Eine Variablenbeschreibung befindet sich im Anhang.

Tabelle 4-3 zeigt auf der linken Seite Variablen aus der ersten Befragung und deren fehlende Werte und auf der rechten Seite werden die fehlenden Werte für Variablen aus der zweiten Telefonbefragung angegeben. Für die erste Telefonbefragung werden im Folgenden die Variablen kurz diskutiert, die mehr als 100 fehlende Werte aufweisen, und für die zweite Telefonbefragung diejenigen Variablen, die mehr als 50 fehlende Werte zählen. Die meisten fehlenden Werte haben das Vermögen mit 324 (32%) und das Einkommen mit 253 (25%) fehlenden Werten. Bei 15% der Befragten fehlt sowohl die Angabe des Einkommens als auch die des Vermögens.

Beim Einkommen und Vermögen stellt sich oft die Frage, ob die MAR- (missing at random) Annahme erfüllt ist oder ob die Missings nicht zufällig sind, sondern im Wesen der Variable liegen (MNAR, missing not at random). So könnte man zum Beispiel vermuten, dass Personen mit hohem Einkommen im Vergleich zu Personen mit mittlerem Einkommen die Frage zum Einkommen eher ungern beantworten. Die beiden bereits beschriebenen Imputationsverfahren in STATA unterliegen beide der MAR-Annahme. Die Überprüfung ob eine Variable MNAR ist, ist nicht möglich, da die Informationen, die diese Annahme bestätigen könnten, nicht beobachtet werden. Schaut man jedoch auf die Korrelation des Indikators für Missings der Einkommensvariable mit anderen Variablen, die auf ein hohes Einkommen schließen lassen, kann keine starke Korrelation festgestellt werden. Zu diesen Variablen gehört zum Beispiel der Immobilienbesitz (-0,14), das Vermögen(-0,13) oder der Betrag, den jemand für sein Alter zurücklegt (0,04). Nimmt man nun an, dass nur Personen mit hohem Einkommen eher die Antwort verweigern, könnten die moderaten Korrelationen die MAR-Annahme stützen. Des Weiteren wird für alle Variablen MAR unterstellt.

Weiterhin gibt es viele fehlende Werte bei der Frage danach, ob das, was bisher zurückgelegt wurde, ausreicht, um im Alter angemessen leben zu können. Die 117 Missings bei dieser Frage lassen sich durch Unsicherheit und Unwissenheit erklären. Viele Personen wissen gar nicht, was sie monatlich bereits für ihr Alter zurücklegen oder wie viel sie im Alter zum Leben benötigen werden. Zudem kommt noch die Unsicherheit der Finanzmärkte, dass zuvor beworbene Renditen dann vielleicht doch nicht mehr erzielt werden. Bei einer ähnlichen Frage, nämlich ob sie denken, dass sie mehr für ihr Alter vorsorgen sollen, gab es nur 20 Missings. Diese Frage zielt mehr auf das subjektive Befinden der Befragten ab und regt sie weniger zu konkreten Berechnungen an. Da sich aber eine hohe Korrelation zwischen den beiden Variablen nachweisen lässt, wird in den Analysen die Variable mit der geringeren Anzahl an fehlenden Werten bevorzugt.

Die Wissensfragen haben bei drei Personen dazu geführt, dass das Telefoninterview komplett beendet wurde, und weitere 110 Personen haben bei mindestens einer von sechs Wissensfragen die Antwort verweigert. Hier könnte die hohe Anzahl der fehlenden Werte, wie beim Einkommen, durch die Sensibilität der Frage erklärt werden. Einige Leute möchten durch die Antwortverweigerung vermeiden zuzugeben, dass sie die Antwort nicht kennen, was ihnen unangenehm ist.

In der zweiten Telefonbefragung lassen sich die fehlenden Werte der Variable „Wie viele Tage zusätzlicher Urlaub müsste im nächsten Jahr geboten werden, damit Sie in diesem Jahr eine Woche Urlaub ins nächste Jahr verschieben?" mit der Filterführung erklären. Alle, die in der Frage zuvor angaben, nicht bereit zu sein, Urlaub ins nächste Jahr zu verschieben, wurden nicht gefragt, wie viele Tage extra-Urlaub sie dafür verlangen würden. Die meisten Missings weist mit 171 (30%) die Variable t2avsparen auf, die abbildet, wie viel jemand monatlich für sein Alter zurücklegt. Diese hohe Zahl lässt sich vermutlich zum einen durch die Sensibilität der Frage und zum anderen durch die Unwissenheit der Befragten erklären. Zudem haben 12% zum Einkommen keine Antwort gegeben, deren Gründe bereits erörtert wurden. Die Frage zur Lebenserwartung konnten oder wollten 9% der Befragten nicht einschätzen.

Mit diesem kurzen Überblick über das Ausmaß der fehlenden Werte in den Telefonbefragungen endet das Kapitel zur Imputation. Im nächsten Kapitel geht es weiter mit den Limitationen der Daten, zu welchen auch die bisher beschriebenen fehlenden Werte zählen, die im Folgenden aber nicht mehr extra aufgegriffen werden.

## 4.5    Projektantrag vs. Projektumsetzung

An der geplanten Länge der Fragebögen für die Volkshochschulkursteilnehmer müssten drastische Kürzungen vorgenommen, sodass einige Frageblöcke etwas kürzer ausfallen mussten als geplant, hierzu zählt zum Beispiel die Messung der Zeitpräferenz. Valide Instrumente zur Zeitpräferenzmessung bestehen aus umfangreichen Frageblöcken von 20 Fragen oder mehr (Arrondel und Masson 2005; Arrondel 2009). Aus diesem Grund wurden Fragen gewählt, mit deren Hilfe die Zeitpräferenz approximiert werden kann. Diese Fragen erheben allerdings nicht den Anspruch, die reine Zeitpräferenz, welche laut Fisher (1974) der Grenzrate der Substitution zwischen heutigem und zukünftigem Konsum entspricht, zu messen. Folgende Frage zur Zeitpräferenz kann leider nicht für die Analysen herangezogen werden, da trotz des Tests, in welchem diese Fragenformulierung am besten abschloss, viele Befragte auf diese Frage nicht plausibel geantwortet haben.

„Stellen Sie sich vor, Sie hätten zwei Möglichkeiten: Entweder Sie bekommen sofort 100 €, oder Sie bekommen einen bestimmten Betrag erst in einem Jahr. Wie viel müsste man Ihnen in einem Jahr zahlen, damit Sie auf die sofortige Zahlung von 100 € verzichten?"

Weiterhin wurde es in der Arbeitsgemeinschaft abgelehnt, Fragebögen von den Kursleitern beantworten zu lassen. Die meisten Details, die in diesem Rahmen interessant sind, wären den Veranstaltern bekannt, sodass uns diese auch ohne Fragebögen zugänglich gemacht werden könnten. Tatsächlich liegen diese Informationen bisher nicht vor, und selbst wenn diese vorliegen würden, wäre es kaum möglich, diese den Kursteilnehmern zuzuordnen.

Zudem hat sich die Projektlaufzeit aufgrund der geringen Ausschöpfungsquote nach den Frühjahrs- und Sommerkursen um ein halbes Jahr verlängert. Somit war es möglich, ebenfalls die im Herbst und Winter stattfindenden Kurse mit in die Befragung einzubeziehen. Dennoch blieb die Anzahl der Fragebogenrückläufer weit hinter den Erwartungen zurück. Ein derartig geringer Rücklauf von Fragebögen in den Volkshochschulkursen erschwert die empirische Analyse. Dennoch war es möglich die Matchinganalyse mittels der ersten beiden Kursfragebögen mit knapp über 100 Fällen und den Telefondaten durchzuführen (Kapitel 9). Aufgrund des geringen Rücklaufs (ca. 50%) des dritten Fragebogens, welcher ein Jahr später an die Teilnehmer versandt wurde, werden die Ergebnisse dieser Befragung lediglich deskriptiv untersucht.

Seit Beginn des Volkshochschulkurses „Altersvorsorge macht Schule" wird den Kursteilnehmern zu Evaluation ein kurzer Nachbefragungsbogen ausgehändigt, in dem sie neben demografischen Angaben auch Angaben zum Kurs machen sollten. Um zu vermeiden, dass die Kursteilnehmer einer Doppelbelastung durch zwei separate Fragebögen unterliegen, wurden die Fragen aus dem Fragebogen der Rentenversicherung mit in den Fragebogen dieses Forschungsprojekts aufgenommen. Somit waren einige Fragen an die Kursteilnehmer bereits vorbestimmt und konnten nicht mehr durch uns beeinflusst werden. Bei den Fragen an die Telefonbefragten dagegen, gab es keine Einschränkungen diesbezüglich. Für die Einkommensmessung wurden in beiden Fragebögen (Kurs und Telefon) der Vergleichbarkeit halber dieselben Kategorien gewählt. Unglücklicherweise wurden allerdings im Telefonfragebogen getrennt nach dem Einkommen des Befragten und dessen Partner gefragt, während die Frage im Kursfragebogen auf das gemeinsame Einkommen abzielt. Dieses erschwert leider die Vergleichbarkeit der Einkommen von Telefon- und VHS-befragten. In den Nachbefragungsbögen sollte dieser Nachteil durch eine einheitliche Abfrage des Einkommens ausgeglichen werden. Da die Anzahl der Teilnehmer an den Nachbefragungen aber sehr gering ist (knapp die

Hälfte der Erstbefragten), kann die zusätzliche Einkommensfrage nicht bei allen Analysen genutzt werden.

Insgesamt lassen sich mit Hilfe der gewonnenen Daten aber alle im Projektantrag aufgestellten Hypothesen testen. Zudem ist es möglich, die Wirkungsweise des Kurses anhand von verschiedenen Fragestellungen darzustellen.

# 5    Wer nimmt am Kurs teil

In diesem ersten analytischen Teil des Berichts soll dargestellt werden, wie sich die Teilnehmerpopulation im Vergleich zur Bevölkerung zusammensetzt. Hierbei muss allerdings darauf hingewiesen werden, dass von mehr als der Hälfte der durchgeführten Volkshochschulkurse keine Fragebögen ausgefüllt wurden. Somit kann nur die demografische Zusammensetzung derjenigen Kurse berücksichtigt werden, die an der Befragung teilgenommen haben (siehe auch Methodenbericht im vorigen Kapitel). Weiterhin wird untersucht, wie groß das Interessen an Kursen zur Altersvorsorge in der Bevölkerung ist.

## 5.1    Analyse der Teilnehmerbefragung

Zunächst werden die demografischen Merkmale der in den Volkshochschulkursen befragten Personen mit denen der Gesamtbevölkerung verglichen. Für diesen Vergleich wird der Mikrozensus herangezogen. Der Mikrozensus ist eine statistische Erhebung, die durch das statistische Bundesamt und durch statistische Landesämter durchgeführt wird. Hierbei werden durch bestimmte Zufallskriterien ausgewählte Haushalte befragt und die Repräsentativität der Ergebnisse ist hierbei statistisch gesichert.[9] An der Befragung sind jährlich 1% der Haushalte beteiligt. Eine Neuzuordnung der Haushalte findet in der Regel in 4-Jahresabschnitten statt. Beim Mikrozensus werden demographische Daten und Daten zu verschiedenen Themen erfragt. Die Ergebnisse werden zunächst für das gesamte Land und danach für die verschiedenen Bundesländer dargestellt. Als demographischen Vergleich mit den Kursteilnehmern wurden die aktuellen Daten des Mikrozensus aus dem Jahr 2010 herangezogen.

---

[9] Zufallskriterien des Mikrozensus: „Als Auswahlgrundlage diente für den Mikrozensus ab 1990 in den alten Bundesländern das Material der Volkszählung 1987. Gemäß Volkszählungsgesetz durften nur die Angaben über die Zahl der Wohnungen und Personen, gegliedert nach Gemeinde, Straße und Hausnummer, verwendet werden. Ferner waren als Auswahleinheiten "Auswahlbezirke" vorgeschrieben. Ab 1991 wird der Mikrozensus auch in den neuen Bundesländern erhoben. Das Erhebungsdesign erfolgte analog dem für das frühere Bundesgebiet (s.o.). An Stelle von Ergebnissen einer Volkszählung wurde behelfsweise das Bevölkerungsregister Statistik verwendet. Neben einer regionalen Schichtung ist eine weitere, fachliche Schichtung im Erhebungsdesign enthalten, mit der die unterschiedlichen Siedlungsstrukturen und Wohnformen vom Ein- oder Zweifamilienhaus über das Mehrfamilienhaus bis zur Gemeinschaftsunterkunft möglichst repräsentativ einbezogen werden soll. Diese wurden hinsichtlich regionaler Gegebenheiten und Gebäudegröße geschichtet. Aus den so entstandenen Schichten/Klumpen wurden Auswahleinheiten gebildet, aus denen 20 1%-Stichproben gezogen wurden. Jeder Haushalt hat damit die gleiche Auswahlwahrscheinlichkeit. Die Auswahl ist insofern zufällig." (Gerken 2012)

**Abbildung 5-1: Alter der Befragten Person**

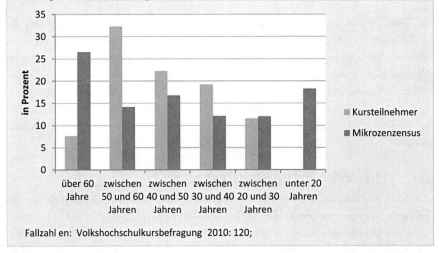

Fallzahl en: Volkshochschulkursbefragung 2010: 120;

Grafik: Eigene Berechnungen

Das Geschlechterverhältnis war bei der Befragung des Mikrozensus, wenn auch fast ausgeglichen, mit 50,93% zugunsten der Frauen ausgelegt. Bei der Kursbefragung hingegen, wurden mit 51,54% mehr Männer als Frauen befragt. Betrachtet man Abbildung 5-1: Alter der Befragten Person, liegt die Vermutung nahe, dass das Interesse an dem Kurs mit dem Alter steigt. Die größte Teilnehmergruppe lässt sich bei den 50- bis 60 jährigen verzeichnen, welche im Vergleich zum Mikrozensus überproportional häufig vertreten ist. Über 60 Jahre sind nur wenige Kursteilnehmer, vermutlich, weil diese Personen kurz vor der Rente stehen oder bereits Rentner sind. Personen, die unter 20 Jahre alt sind, gibt es in den Kursen nicht. Das Interesse scheint mit dem Alter (bis ca. zum fünfzigsten Lebensjahr) zu steigen. Ob tatsächlich ein positiver Zusammenhang zwischen dem Alter und dem Interesse an Kursen zur Altersvorsorge besteht, wird im nächsten Kapitel mithilfe einer multivariaten Analyse der Telefonbefragten zu klären sein.

Bei der Kinderzahl von Kursteilnehmern und dem Mikrozensus gibt es kaum Unterschiede. Die Kursteilnehmer haben häufiger 2 oder mehr Kinder als die Befragten im Mikrozensus. Ein Rückschluss darauf, dass Personen mit vielen Kindern eher an einem Kurs teilnehmen als andere, kann allerdings nicht gezogen werden, da es sein könnte, dass dieser Unterschied schon allein durch den Altersunterschied erklärbar ist.

Unter den Befragungsteilnehmern in den Volkshochschulkursen waren ca. 33% ledig, 60% verheiratet, und 6% waren geschieden oder verwitwet. Im Mikrozensus gab es mit

42% mehr Ledige, dagegen aber mit 43% weniger Verheiratete als in den Volkshochschulkursen. Geschieden oder verwitwet waren ca. 15%. Diese Differenzen zwischen den
Teilnehmern am Volkshochschulkurs und der repräsentativen Bevölkerung lässt sich
vermutlich durch die bereits beschriebenen Alterseffekte erklären. Besonders junge
Leute, die meistens noch nicht verheiratet sind, nehmen eher selten an den Volkshochschulkursen zur Altersvorsorge teil, genauso selten sind auch ältere Teilnehmer, die
häufiger verwitwet sind als jüngere.

**Abbildung 5-2: Anzahl der Kinder**

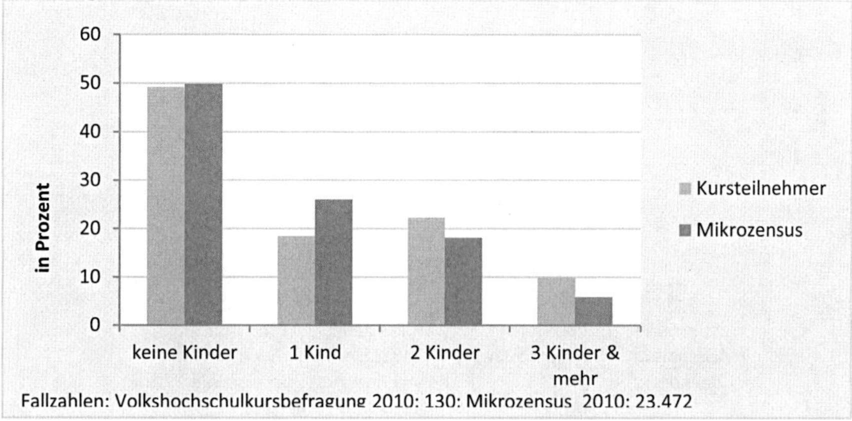

Fallzahlen: Volkshochschulkursbefragung 2010: 130: Mikrozensus 2010: 23.472

Grafik: Eigene Berechnungen

Eine starke Selektion gibt es in den Kursen bezüglich des höchsten Bildungsstandes.
Wie Abbildung 5-3 zeigt, nehmen, gemessen an ihrem Anteil in der Gesamtbevölkerung, besonders viele Personen mit Abitur das Angebot zur Weiterbildung in der eigenen Altersvorsorge an. Personen mit keinem Abschluss oder einem Hauptschulabschluss sind kaum in den Kursen vertreten.

Aufgrund der unterschiedlichen Einkommensgruppierungen in der Teilnehmerbefragung und im Mikrozensus ist nur ein grober Vergleich möglich. Laut Mikrozensus
haben ca. 34% der Bevölkerung ein monatliches Haushaltsnettoeinkommen von weniger als 1.500€. Unter den Teilnehmern waren ca. 13% aus dieser unteren Einkommensklasse vertreten. Die mittlere Einkommensklasse umfasst Personen mit einem Einkommen von 1.500€ bis unter 2.000€. In der repräsentativen Umfrage Mikrozensus gehören
dieser Einkommensgruppe ca. 16% der Bevölkerung an, unter den Befragungsteilnehmern in den Kursen gaben ca. 29% an, zu dieser Einkommensgruppe zu gehören. Die
höchste gemeinsame Einkommenskategorie sind Personen mit einem Einkommen von
2.000€ bis unter 6.000€. Diese Kategorie ist sehr weit, da es keine kleineren Über-

schneidungen von Mikrozensus und Teilnehmerbefragung gibt. Der Mikrozensus zählt ca. 40% der Befragten, welche dieser Einkommenskategorie zuzuordnen sind, und bei den Kursteilnehmern sind es ca. 58%. Es scheinen demnach eher Personen mit höherem Einkommen an den Kursen teilzunehmen, was ebenfalls den eher hohen Bildungstand der Kursteilnehmer widerspiegelt.

**Abbildung 5-3: Höchster allgemeiner Schulabschluss**

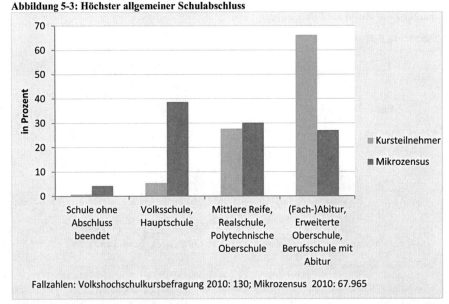

Fallzahlen: Volkshochschulkursbefragung 2010: 130; Mikrozensus 2010: 67.965

Grafik: Eigene Berechnungen

Da es sich bei der Einkommenserfassung aber um das Haushaltseinkommen handelt, kann es einen großen Unterschied machen, ob jemand verheiratet ist und mit dem Partner zusammen lebt oder ob jemand Single ist. So kann ein kleiner Teil der Differenz zwischen den Teilnehmern und den Mikrozensusbefragten im niedrig Einkommens-bereich womöglich dadurch erklärt werden, dass im Mikrozensus ca. 42% ledig sind und nur ihr eigenes Einkommen angegeben haben und in der Teilnehmerbefragung nur ca. 33%. Weiterhin sind die Teilnehmer des Volkshochschulkurses im Durchschnitt älter, was wiederum grundsätzlich ein höheres Einkommen nach sich zieht.

**Abbildung 5-4: Derzeitiger Berufsstand**

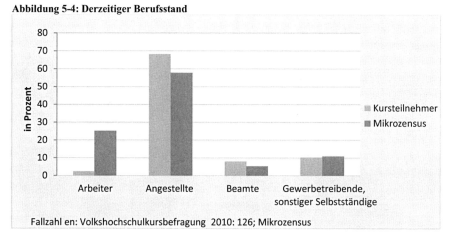

Fallzahl en: Volkshochschulkursbefragung 2010: 126; Mikrozensus

Grafik: Eigene Berechnungen

Die Berufsgruppe der Angestellten, die in der Bevölkerung die größte Gruppe darstellt, ist auch in den Volkshochschulkursen diejenige, die am besten vertreten ist (Abbildung 5-4: Derzeitiger Berufsstand). Arbeiter sind im Vergleich zu ihrem Anteil in der Bevölkerung selten vertreten. Genauso gering war auch die Teilnahme von Arbeitslosen am Kurs (nicht in der Abbildung, 2,38%).

## 5.2  Analyse der Telefonbefragung, potentielle Kursteilnehmer

In der zweiten Telefonbefragung wurden den Teilnehmern zwei Fragen bezüglich ihrer potentiellen Kursteilnahme gestellt.

1.  *Würden Sie an einem 12-stündigen Kurs zur Altersvorsorge, welcher sich über mehrere Wochen erstreckt und von Ihrem Arbeitgeber oder der örtlichen Volkshochschule in Zusammenarbeit mit der deutschen Rentenversicherung angeboten wird, teilnehmen?*

2.  *Würden Sie an einem 90-minütigen Einstiegskurs zur Altersvorsorge, angeboten von Ihrem Arbeitgeber oder der örtlichen Volkshochschule in Zusammenarbeit mit der deutschen Rentenversicherung, teilnehmen?*

Die Antwortmöglichkeiten waren „Bestimmt", „Wahrscheinlich" und „Eher nicht". Falls „Eher nicht" gewählt wurde, folgte die Frage, warum man nicht teilnehmen würde, mit einigen vorgegebenen Antworten und der Möglichkeit, eine Antwort frei zu formulieren.

**Abbildung 5-5: Würden Sie am Kurs teilnehmen?**

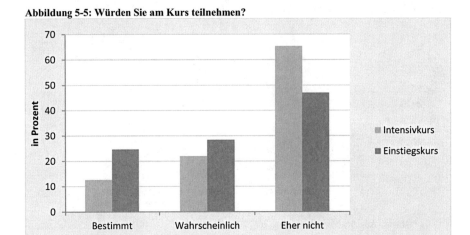

Fallzahl en: zweite Telefonbefragung 560 (gewichtet)

Grafik: Eigene Berechnungen

Aus Abbildung5-5 ist ersichtlich, dass die Bereitschaft zur Teilnahme am Einstiegskurs etwas größer ist als die am Intensivkurs. Dieser Unterschied ist womöglich mit der Zeitknappheit zu erklären, welche viele als Grund angaben, nicht an einem der Kurse teilzunehmen (Abbildung 5-5: Würden Sie am Kurs teilnehmen?). Insgesamt würden ca. 35% „wahrscheinlich" oder „bestimmt" an einem Intensivkurs teilnehmen. Beim Einstiegskurs sind es sogar mehr als die Hälfte, nämlich ca. 53%. Als Begründung, warum man „eher nicht" am Intensivkurs teilnehmen würde, wurde am häufigsten der Zeitmangel genannt. Dann folgen die Begründungen, dass man nicht glaubt, dass einem in einem solchen Kurs weitergeholfen werden kann, dass man sich bereits gut auskennt oder bereits ausreichend vorgesorgt hat. Ähnlich ist die Reihenfolge auch beim Einstiegskurs. Vergleicht man die Gründe beider Kurse ist festzustellen, dass beim Einstiegskurs für die Teilnahme seltener das Zeitargument eine Rolle spielte, auf der anderen Seite aber mehr Leute der Meinung waren, dass man ihnen im Einstiegskurs nicht weiterhelfen könne.

**Abbildung 5-6: Warum würden Sie nicht am Kurs teilnehmen**

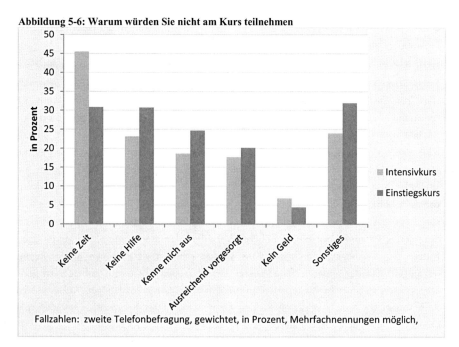

Fallzahlen: zweite Telefonbefragung, gewichtet, in Prozent, Mehrfachnennungen möglich,

Grafik: Eigene Berechnungen

Ähnliches spiegelt sich auch in den offenen Antworten („Sonstiges" in Abbildung 5-6) wieder, bei denen einige den Einstiegskurs als zu kurz beurteilten. Zudem wurde bei beiden Kursen in der offenen Kategorie von einigen Befragungsteilnehmern angegeben, dass man nicht an einem Kurs teilnimmt, weil man sich entweder selbst gut auskennt oder der Ehemann sich um finanzielle Angelegenheiten kümmert, man eine individuelle Beratung bevorzugt und teilweise auch schon einen Berater konsultiert hat, es genügend andere Informationsquellen gibt, man bereits kurz vor der Rente steht oder nicht daran glaubt, dass die Rentenversicherung objektive Informationen bereitstellt.

Da die Teilnahmeentscheidung für die Konzeption des angebotenen Volkshochschulkurs „Altersvorsorge macht Schule" eine wichtige Rolle spielt, soll diese nun mit Hilfe eines Regressionsverfahrens detaillierter untersucht werden. Hierfür bietet sich die logistische Regression an, in der die abhängige Variable die Teilnahmeentscheidung „eher ja" bzw. „eher nein" ist. In das Modell werden die erklärenden Variablen mit aufgenommen, die theoretisch die Teilnahmeentscheidung beeinflussen könnten.[10] Hierzu gehören die

---

[10] Variablenbeschreibung siehe Anhang.

demografischen Faktoren, wie Geschlecht, Alter, Familienstand und Kinder, sowie das Einkommen, das Vermögen und die Schulbildung.

Nach der Theorie von Becker und Mulligan (1997) kann man die Kursteilnahme als einen Erwerb von zukunftsorientiertem Kapital ansehen (siehe Kapitel 2). Demnach wäre der Einfluss des Einkommens auf die Teilnahmeentscheidung unbestimmt. Er kann zum einen positiv sein, da ein höheres Einkommen auf ein höheres Sparpotentialschließen lässt und so die Erwirtschaftung höherer Renditen zulässt, als es mit keinem oder einem kleinen Sparbetrag möglich wäre, zum anderen aber auch negativ, weil die Opportunitätskosten der Zeit für jemanden mit hohem Einkommen größer sind als für jemandem mit niedrigerem Einkommen. Ein bereits hohes vorhandenes Vermögen kann ebenfalls höhere Renditen erzielen als ein geringes Vermögen. Der Kurs zur Altersvorsorge hat das Potential die Anlagestrategie bezüglich der privaten Altersvorsorge zu optimieren. Personen mit einem höheren Vermögen könnten somit ihren zukünftigen Nutzen des Vermögens durch den Kurs stärker erhöhen als Personen mit geringem Vermögen. Auf der anderen Seite müssen sich Personen mit einem hohen Vermögen seltener Sorgen über ihr Einkommen im Alter machen. Somit übersteigen, insbesondere auch unter der Annahme des sinkenden Grenznutzens des Konsums, womöglich die Opportunitätskosten des Kursbesuches den zukünftigen Nutzenzuwachs.

Aus den demografischen Faktoren wurden zudem nicht lineare Terme gebildet. So werden das Alter und das Alter zum Quadrat in das Modell aufgenommen, um abzubilden, dass die Wahrscheinlichkeit, an einem Kurs teilzunehmen, mit dem Alter vorerst steigt, dann aber wieder abnimmt. Diese Formulierung berücksichtigt also auf der einen Seite, dass sich junge Leute oft noch nicht für die Altersvorsorge interessieren und auf er anderen Seite, dass die Älteren schon kurz vor der Rente stehen und glauben, dass ein Kurs nicht mehr nutzen wird. Zudem gehen in das Modell zwei Interaktionsterme ein. Zum einen die Interaktion zwischen Kindern und Alter und zum anderen die Interaktion zwischen Einkommen und Familienstand. Mit dem Interaktionsterm Kinder und Alter soll das Alter der Kinder approximiert werden. Sind die Eltern jung und haben Kinder, sind diese meistens auch noch jung, sodass zum einen die Zeit, einen Kurs zu besuchen, begrenzt ist und zum anderen auch die finanziellen Investitionen in Kinder hoch sind. Werden Eltern und Kinder älter, haben die Eltern wieder mehr Zeit und von dem Zeitpunkt an, ab dem das Kind in der Ausbildung ist, auch wieder mehr Geld für die Altersvorsorge zur Verfügung. Da in das Modell das persönliche und nicht das Haushaltseinkommen aufgenommen wurde, wird durch einen Interaktionsterm mit dem Familienstand dem Rechnung getragen, dass für verheiratete womöglich der Anstieg des eigenen Einkommens einen geringeren Effekt auf die Teilnahme hat als für nicht verheiratete Personen. Dieses wird dadurch begründet, dass Verheiratete Entscheidungen meistens gemeinsam treffen und hierfür ihr gemeinsames Einkommen zu Grunde legen.[II]

Neben den demografischen Faktoren gehen weitere für die Teilnahmeentscheidung wichtige Indikatoren in das Modell ein. So erwartet man theoretisch von Personen, die davon überzeugt sind, dass ihr bisher zurückgelegter Betrag ausreicht, eher seltener bereit sein werden, einen Kurs zur Altersvorsorge zu besuchen als Personen, die glauben, sie sollten mehr für die Altersvorsorge tun. Dann gibt es noch zwei Variablen, die das Vorwissen der Befragten abbilden. Einmal die Angabe, wie gut sie sich über das Thema Altersvorsorge informiert fühlen, was eher eine subjektive Einschätzung ist, und zum anderen das objektive Wissen, welches durch eine Variable abgebildet wird, welche aus der Kumulation von richtigen Antworten zu Wissensfragen gebildet wurde. Der Effekt der Variable „fühle mich gut über die Altersvorsorge informiert" auf die Teilnahmeentscheidung ist voraussichtlich negativ, da diese Personen davon ausgehen, dass der Kurs, insbesondere der Einstiegskurs, ihnen keinen zusätzlichen Nutzen bringen wird. Die objektiven Wissensfragen enthalten je eine Frage zu den Bereichen finanzielle Grundbildung, gesetzliche Rente, Riester-Rente und der betrieblichen Altersvorsorge. Das Wissen dieser Fragen ist für die persönliche Altersvorsorgeentscheidung wichtig, es bildet jedoch nur einen kleinen Teil des Wissens ab, was für eine optimale Altersvorsorgeentscheidung benötigt wird. Dennoch wird vermutet, dass es Individuen ähnlich wie mit der höheren Schulbildung leichter fällt, neue Informationen zu verarbeiten. Der Kurs wäre somit mit geringeren Kosten in Form von Anstrengungen und ggf. auch Zeit für die Vor- und Nachbereitung verbunden. Auf der anderen Seite könnte der Effekt aber auch in die gegenteilige Richtung gehen. Es ist zu vermuten, dass Personen, die diese Fragen gut beantworten können, sich bereits mit der privaten Altersvorsorge auseinandergesetzt haben und somit womöglich einen geringeren Bedarf an einem zusätzlichen Kurs haben als Personen, die die meisten Wissensfragen nicht beantworten konnten. Der Effekt des Grundwissens zur Altersvorsorge ist also unbestimmt, es könnte die Teilnahmewahrscheinlichkeit also sowohl positiv als auch negativ beeinflussen.

---

[II] Die Datenlage würde es auch erlauben, das Haushaltseinkommen in die Regression aufzunehmen. Führt man die Analyse (mit nicht imputierten Daten) mit dem HH-Einkommen durch anstatt mit dem persönlichen Nettoeinkommen, so ändert sich an den Ergebnis nichts. Die Vorzeichen und die Signifikanz aller Variablen bleiben unverändert. Da wir aufgrund fehlender Werte für jede Analyse auch eine Imputation vorgenommen haben, wurde das Nettoeinkommen gewählt, da der Datensatz kaum Informationen zum Partner enthält, welche von Bedeutung sind, um das gemeinsame Einkommen zu schätzen.

Die Grundlage der Theorie von Becker und Mulligan (1997) bilden die endogenen Zeitpräferenzen. Sie argumentieren, dass Zeitpräferenzen durch Investitionen in zukunftsorientiertes Kapital beeinflusst werden können. Ob jemand investiert, hängt aber auch von den immanenten Zeitpräferenzen vor der Investition ab. Ist die Präferenz für die Gegenwart sehr hoch und der demgegenüber erwartete Nutzen der Investition gering, wird sich die Person gegen einen Kurs entscheiden. Somit ist zu erwarten, dass eine hohe Gegenwartspräferenz die Teilnahmewahrscheinlichkeit verringert. Abgebildet wird die Zeitpräferenz im Modell durch zwei Variablen, zum einen durch die Regelmäßigkeit des Sparens und zum anderen durch die Antwort zu der Frage, inwieweit die Aussage: „Tätigkeiten, die greifbare und unmittelbare Resultate aufweisen, sind für mich wichtiger als Tätigkeiten, deren Resultat sich erst in ferner Zukunft einstellt" auf sie zutrifft. Antwortmöglichkeiten gab es von 0, „Absolut nicht zutreffend", bis 10, „Völlig zutreffend". Diese Variable wurde auf drei Ausprägungen von 1, „weitsichtig", bis 3, „kurzsichtig", für die Analyse reduziert. Es wird angenommen, dass Personen, die regelmäßig sparen und gemäß der eben beschriebenen Variable weitsichtig handeln, eine geringere Gegenwartspräferenz haben als andere Personen und somit mit einer größeren Wahrscheinlichkeit am Kurs teilnehmen werden als andere. Der Erwartete Zusammenhang von t2sparen und der Kursteilnahme ist somit positiv und der erwartete Effekt von t3zeitpräfresultat negativ.

Gemäß Becker und Mulligans (1997) Theorie bedeutet ein langes Leben auch einen Nutzenzuwachs, was das Altersvorsorgesparen betrifft. Je älter man wird, desto länger bezieht man Alterseinkommen. Somit sind in jungen Jahren die Investitionen in zukunftsorientiertes Kapital für Personen mit einer hohen Lebenserwartung lukrativer als für Personen mit einer geringen Lebenserwartung. Im Datensatz gibt es drei Variablen, welche direkt oder indirekt das Lebensalter abbilden. Zum einen gibt es die direkte Frage danach, ob man glaubt, länger, gleich lang oder kürzer als der Durchschnitt zu leben, und zum anderen Fragen nach dem Gesundheitszustand in 10 Jahren und im Alter. Aus diesen drei Variablen wurde ein Faktor nach einer Faktorenanalyse gebildet. Da dieser Faktor jedoch im Imputationsverfahren Probleme machte, wurde alternativ die Summe aus den drei Variablen gebildet, welches dann eine neue Variable ergab. Diese neue Variable und der Faktor aus der Faktorenanalyse sind sehr stark miteinander korreliert, sodass anstatt des Faktors die Summe der drei Variablen in das Modell aufgenommen wurde.

Ebenfalls theoretisch nachgewiesen wurde von Becker und Mulligan (1997) ein negativer Zusammenhang zwischen der Akkumulation zukunftsorientierten Kapitals und der negativen Assoziation mit dem Alter, auch Altersaversion genannt. Hier sollten die

Befragten angeben, inwieweit sie folgender Aussage zustimmen: „Ich befürchte, dass ich im Ruhestand nicht mehr gebraucht werde". Hierbei gab es die Möglichkeiten zwischen 1, „stimme voll und ganz zu", bis 4, „stimme überhaupt nicht zu", zu wählen. In diesem Fall würde ein positiver signifikanter Koeffizient die Theorie belegen.

Eine weitere Variable, die in das Modell mit aufgenommen wurde, ist „Keine Zeit für finanzielle Angelegenheiten", die angibt, ob die Befragten folgende Frage mit Nein beantworteten: „Haben Sie ausreichend Zeit, um sich mit finanziellen Angelegenheiten zu beschäftigen?" Da der Einstiegskurs weniger Zeit erfordert als der Intensivkurs, wird hier ein geringerer negativer Zusammenhang vermutet als beim Intensivkurs.[12]

---

[12] Bei der Diskussion des möglichen Effekts des Einkommens auf die Teilnahmeentscheidung wurde auch auf die Opportunitätskosten der Zeit eingegangen (S. 50). Somit könnte es sein, dass Personen mit einem hohen Einkommen eher angeben, keine Zeit für finanzielle Angelegenheiten zu haben. Wäre dieses der Fall würde die Aufnahme der Variable „Keine Zeit für finanzielle Angelegenheiten" ins Modell dazu führen, dass der Einkommenseffekt positiv beeinflusst würde. Da aber kein statistisch signifikanter Zusammenhang zwischen dem Einkommen und „Keine Zeit für finanzielle Angelegenheiten" nachgewiesen werden konnte, wird die Variable separat ins Modell mit aufgenommen. So haben zum Beispiel 22% der Personen mit niedrigem Einkommen, 24% mit mittleren Einkommen und 23% mit hohem Einkommen angegeben, keine Zeit für finanzielle Angelegenheiten zu haben.

**Tabelle 5-1: Teilnahme am Intensivkurs**

1: Ja/eher ja 0: nein/eher nein

| Logit | | | | | imputiert | | | |
|---|---|---|---|---|---|---|---|---|
| | coef. | s.e. | p>\|z\| | | coef. | s.e. | p>\|z\| | |
| Mann | 0.036 | 0.266 | 0.893 | | -0.344 | 0.208 | 0.097 | * |
| Verheiratet | -0.263 | 0.435 | 0.545 | | -0.193 | 0.325 | 0.552 | |
| Anzahl der Kinder | -1.422 | 0.714 | 0.046 | ** | -0.734 | 0.527 | 0.164 | |
| Interaktion Kinder * Alter | 0.030 | 0.015 | 0.048 | ** | 0.016 | 0.011 | 0.145 | |
| Schulbildung | 0.036 | 0.206 | 0.863 | | 0.017 | 0.149 | 0.909 | |
| Alter | 0.299 | 0.118 | 0.011 | ** | 0.220 | 0.091 | 0.016 | ** |
| Alter zum Quadrat | -0.004 | 0.001 | 0.009 | *** | -0.003 | 0.001 | 0.012 | ** |
| Persönliches Nettoeinkommen, 3 Kategorien | -0.003 | 0.086 | 0.970 | | -0.085 | 0.071 | 0.228 | |
| Interaktion einkommen * verheiratet | 0.021 | 0.056 | 0.708 | | 0.012 | 0.044 | 0.785 | |
| Vermögen | -0.066 | 0.180 | 0.713 | | -0.038 | 0.152 | 0.805 | |
| Spare ausreichend für Altersvorsorge | -0.597 | 0.276 | 0.031 | ** | -0.396 | 0.211 | 0.060 | * |
| Fühle mich gut über die Altersvorsorge informiert | -0.741 | 0.256 | 0.004 | *** | -0.612 | 0.194 | 0.002 | *** |
| Objektives Wissen, Summe richtiger Antw. aus 4 Fragen | 0.230 | 0.140 | 0.102 | | 0.231 | 0.107 | 0.031 | ** |
| Spart regelmäßig | -0.437 | 0.283 | 0.123 | | -0.191 | 0.210 | 0.364 | |
| Tätigkeitne mit greifbaren Resultaten wichtiger | -0.224 | 0.176 | 0.203 | | -0.032 | 0.130 | 0.804 | |
| Zukünftige wirtschaftliche Situation gut, 3 Kategorien | 0.304 | 0.237 | 0.200 | | 0.082 | 0.171 | 0.632 | |
| Lebenserwartung | -0.108 | 0.090 | 0.231 | | -0.049 | 0.069 | 0.476 | |
| Angst im Alter nicht gebraucht zu werden | 0.178 | 0.165 | 0.282 | | -0.029 | 0.124 | 0.817 | |
| Keine Zeit für finanzielle Angelegenh. dummy | 0.673 | 0.323 | 0.037 | ** | 0.278 | 0.228 | 0.223 | |
| _cons | -5.445 | 2.399 | 0.023 | | -3.593 | 1.873 | 0.055 | |
| | | | | | | | | |
| N | 319 | | | | 558 | | | |
| Pseudo R2 | 0.087 | | | | | | | |
| Prob>F | | | | | 0.0045 | | | |

Quelle: Daten der ersten und zweiten Telefonbefragung. Erstes Model „complete cases", zweites Model mit imputierten Daten, in welche die Koeffizienten die Mittelwerte über alle 10 imputierten Datensätze darstellen. Eine tabellarische Variablenbeschreibung befindet sich im Anhang.

Im Folgenden werden die Regressionsergebnisse erläutert. Tabelle 5-1 und Tabelle 5-2 stellen die Ergebnisse der logistischen Regressionen dar. Geschätzt werden diese Modelle mit dem Maximum-Likelihood-Verfahren. Die Koeffizienten geben die Richtung an, in die sich die Wahrscheinlichkeit c.p. ändert, wenn sich der Regressor marginal erhöht. In Tabelle 5-1 wird die intendierte Teilnahme am Intensivkurs und in Tabelle 5-2 die Teilnahme am Einstiegskurs analysiert. In jeder Tabelle befinden sich zwei logistische Regressionen für das Model, dessen Spezifikation zuvor beschrieben wurde. Die erste Regression wird mit „complete cases" geschätzt, es gehen also nur diejenigen Beobachtungen in die Analyse ein, für die keine der Variablen einen fehlenden Wert aufweist.

**Tabelle 5-2: Teilnahme am Einstiegskurs**

1: Ja/eher ja 0: nein/eher nein

| Logit | | | | | imputiert | | | |
|---|---|---|---|---|---|---|---|---|
| | coef. | s.e. | p>\|z\| | | coef. | s.e. | p>\|z\| | |
| Mann | -0.477 | 0.262 | 0.069 | * | -0.593 | 0.198 | 0.003 | *** |
| Verheiratet | -0.207 | 0.441 | 0.639 | | -0.066 | 0.321 | 0.836 | |
| Anzahl der Kinder | 0.201 | 0.695 | 0.772 | | 0.476 | 0.522 | 0.362 | |
| Interaktion Kinder * Alter | -0.002 | 0.014 | 0.899 | | -0.007 | 0.011 | 0.509 | |
| Schulbildung | 0.290 | 0.200 | 0.147 | | 0.208 | 0.143 | 0.146 | |
| Alter | -0.074 | 0.117 | 0.526 | | -0.035 | 0.089 | 0.694 | |
| Alter zum Quadrat | 0.001 | 0.001 | 0.594 | | 0.000 | 0.001 | 0.854 | |
| Persönliches Nettoeinkommen, 3 Kategorien | -0.010 | 0.084 | 0.901 | | -0.059 | 0.063 | 0.355 | |
| Interaktion einkommen * verheiratet | -0.016 | 0.056 | 0.776 | | -0.014 | 0.042 | 0.740 | |
| Vermögen | 0.146 | 0.177 | 0.409 | | 0.115 | 0.146 | 0.430 | |
| Spare ausreichend für Altersvorsorge | -0.405 | 0.274 | 0.139 | | -0.219 | 0.212 | 0.302 | |
| Fühle mich gut über die Altersvorsorge informiert | -0.771 | 0.252 | 0.002 | *** | -0.596 | 0.186 | 0.001 | *** |
| Objektives Wissen, Summe richtiger Antw. aus 4 Fragen | -0.052 | 0.138 | 0.708 | | -0.046 | 0.100 | 0.647 | |
| Spart regelmäßig | -0.600 | 0.291 | 0.039 | ** | -0.259 | 0.211 | 0.219 | |
| Tätigkeitne mit greifbaren Resultaten wichtiger | 0.180 | 0.173 | 0.299 | | 0.179 | 0.127 | 0.160 | |
| Zukünftige wirtschaftliche Situation gut, 3 Kategorien | 0.446 | 0.233 | 0.056 | * | 0.121 | 0.166 | 0.466 | |
| Lebenserwartung | -0.075 | 0.091 | 0.412 | | 0.018 | 0.069 | 0.795 | |
| Angst im Alter nicht gebraucht zu werden | 0.049 | 0.168 | 0.772 | | -0.196 | 0.124 | 0.115 | |
| Keine Zeit für finanzielle Angelegenh. dummy | 0.882 | 0.345 | 0.010 | ** | 0.317 | 0.228 | 0.164 | |
| _cons | 1.631 | 2.427 | 0.501 | | 1.586 | 1.839 | 0.389 | |
| | | | | | | | | |
| N | 319 | | | | 558 | | | |
| Pseudo R2 | 0.106 | | | | | | | |
| Prob>F | | | | | 0.0002 | | | |

Quelle: Daten der ersten und zweiten Telefonbefragung. Erstes Model „complete cases", zweites Model mit imputierten Daten, in welche die Koeffizienten die Mittelwerte über alle 10 imputierten Datensätze darstellen. Eine tabellarische Variablenbeschreibung befindet sich im Anhang.

Die zweite Regression wird hingegen mit imputierten Daten durchgeführt.[13] Betrachtet werden soll nun zunächst der Intensivkurs. In beiden Regressionen, mit sowie ohne Imputation, wird der vermutete Zusammenhang vom Alter und der Teilnahmewahrscheinlichkeit bestätigt. Zunächst steigt die Wahrscheinlichkeit, einen Kurs zu besuchen, mit dem Alter an, um dann ab einem bestimmten Alter wieder zu sinken. Weiterhin ist die Wahrscheinlichkeit, am Intensivkurs teilzunehmen, geringer für Personen, die glauben, dass das, was sie bisher für das Alter zurücklegen, bereits ausreicht, als für Personen, die glauben, sie sollten mehr zurücklegen. Auch Personen, die sich bereits gut über die Altersvorsorge informiert fühlen, werden mit einer geringeren Wahrscheinlichkeit einen Intensivkurs besuchen als Personen, die sich weniger gut informiert fühlen.

---

[13] Siehe Methodenbericht, Kapitel 4

Unterschiede bei der Signifikanz, nicht aber bei der Richtung der Effekte, gibt es eben-falls zwischen den beiden logit Schätzungen. So ist im „complete cases" Fall zu den oben bereits signifikanten Einflüssen zudem noch das Vorhandensein von Kindern und der dazugehörige Interaktionsterm signifikant. Dieses bestätigt die Vermutung, dass Kinder zwar die Wahrscheinlichkeit, am Kurs teilzunehmen, reduzieren, dieser negative Effekt jedoch mit dem Alter schwächer wird.

Ein überraschendes Ergebnis in der „complete case" Analyse, ist, dass der Zeitmangel einen positiven Einfluss auf die Teilnahme am Intensivkurs hat. Das bedeutet, dass die Personen, die Angaben, nicht ausreichend Zeit zu haben, um sich mit finanziellen An-gelegenheiten zu beschäftigen, mit einer größeren Wahrscheinlichkeit den Intensivkurs besuchen würden als Personen, die genug Zeit haben. Dabei hatten insbesondere beim Intensivkurs ca. 45% angegeben, sie würden aufgrund des Zeitmangels nicht teilneh-men wollen. Es ist allerdings möglich, dass keine Zeit für finanzielle Angelegenheiten und keine Zeit für den Kurs zwei unterschiedliche Dimensionen sind. Jemand, der keine Zeit für finanzielle Angelegenheiten hat, kann sich dennoch Zeit für den Kurs nehmen, wenn er sich hierdurch eine Zeitersparnis erhofft.

Führt man dieselbe Regression mit imputierten Daten durch, so sind neben den Vari-ablen, welche in beiden Modellen signifikant sind, zudem noch das Geschlecht und das objektive Wissen Faktoren, welche die Entscheidung für oder gegen einen Kurs beein-flussen. Männer scheinen demnach ein geringeres Interesse an einem Intensivkurs zu haben als Frauen. Dieser negative Zusammenhang zwischen dem „Mann" sein und dem Kursbesuch wird allerdings in der „complete cases" Analyse nicht bestätigt. Hier ist der Koeffizient sehr klein und anhand des hohen p-Wertes zur urteilen unbedeutend für die Erklärung der Teilnahmewahrscheinlichkeit. Betrachtet man die Entscheidung von Männern und Frauen rein deskriptiv, so haben ca. 30% der Männer und 39% der Frauen angegeben zumindest wahrscheinlich am Kurs teilzunehmen. Die nächste in der Analyse mit imputierten Daten signifikante Variable ist das objektive Wissen. Je höher das Grundwissen zur Altersvorsorge ist, desto wahrscheinlicher ist die Teilnahme. Damit wird die Hypothese gestützt, dass die Vorbildung dazu führt, dass die Aufnahme zusätzlichen Wissens mit geringeren Kosten verbunden ist, je höher das zuvor akkumu-lierte Wissen. Zudem ist bei einigen womöglich der Wunsch vorhanden, das Wissen mithilfe des Kurses weiter auszubauen.

Betrachtet man nun die Einflussfaktoren für die Teilnahmewahrscheinlichkeit am Ein-stiegskurs, so sind im Modell mit imputierten Daten nur zwei Faktoren signifikant. Es gibt also kaum persönliche Merkmale, welche die Teilnahmebereitschaft signifikant beeinflussen. Einer von den Merkmalen, die die Teilnahme beeinflussen, ist das Geschlecht, und zwar sind Männer in geringerem Maße an einem Einstiegskurs interessiert als Frauen. Das zweite Merkmal ist, wie gut sich jemand über die Altersvorsorge informiert fühlt. Wie auch beim Intensivkurs sind eher die Personen an einem Einstiegskurs interessiert, die sich über die Altersvorsorge schlecht informiert fühlen.

In der „complete cases" Regression sind die Koeffizienten weiterer drei Variablen signifikant von Null verschieden. Personen, die regelmäßig sparen, sind seltener an einem Einstiegskurs interessiert als Personen, die bisher noch nicht regelmäßig sparen. Entgegen der zuvor angestellten Vermutung, dass Personen, die regelmäßig sparen, stärker zukunftsorientiert sind, scheint dieser Faktor die Teilnahmewahrscheinlichkeit nicht positiv zu beeinflussen. Vermutlich haben regelmäßige Sparer schon ein ausreichendes Wissen zu Spar- und Altersvorsorgeanlagen, sodass ein Einstiegskurs für sie keinen Nutzenzuwachs darstellen würde. Weiterhin würden die Personen, die ihre wirtschaftliche Situation in den nächsten zehn Jahren als eher gut einschätzen, eher am Einstiegskurs teilnehmen, als die Personen, die ihre wirtschaftliche Situation schlecht einschätzen. Als letzten signifikanten Faktor für die Teilnahmeentscheidung, ist die Zeit, sich um finanzielle Angelegenheiten zu kümmern zu nennen. Personen, die angeben, eher keine Zeit zu haben, entscheiden sich mit einer größeren Wahrscheinlichkeit für den Einstiegskurs als Personen, die viel Zeit haben. Dieses Ergebnis zeigte sich auch für den Intensivkurs und wurde dort bereits ausführlich diskutiert und kann auch auf den Einstiegskurs übertragen werden.

## 5.3 Diskussion

Aus der Teilnehmerbefragung ist ersichtlich, dass die 50- bis 60 Jährigen die größte Teilnehmergruppe an den Volkshochschulgruppen darstellt. Auch der Vergleich mit dem Mikrozensus hat gezeigt, dass diese Alterskohorte überproportional häufig an den VHS-Kursen teilnimmt. Der Zeitmangel, welcher in der Telefonbefragung der Hauptgrund ist, warum jemand nicht an einem Intensivkurs teilnehmen möchte, könnte eine Erklärung für diese Beobachtung sein. Zudem wird auch in der Analyse der Teilnahmewahrscheinlichkeit am Intensivkurs der positive Zusammenhang von Alter und Teilnahmewahrscheinlichkeit bestätigt. Eine weitere auffällige Beobachtung beim Vergleich der Teilnehmer mit dem Mikrozensus war der große Anteil an Personen mit Abitur am Volkshochschulkurs. Interessanterweise konnte in der empirischen Analyse der Telefonbefragung kein positiver Zusammenhang zwischen Bildung und Teilnahme nachgewiesen werden. Möglicherweise ist dieses Ergebnis durch die von den Interviewern beschriebene Selektion in der Telefonbefragung zu begründen. Demnach haben am Telefoninterview viele teilgenommen, die sich für das Thema Altersvorsorge interessieren. Somit wurden auch unter denen mit geringer Bildung viele interviewt, die sich für das Thema und damit für einen Kurs interessieren.

Insgesamt lässt sich feststellen, dass der Zeitmangel für viele die größte Hürde darstellt, die sie davon abhält, einen Altersvorsorgekurs zu besuchen. Zeitmangel wird als häufigster Grund für die Nichtteilnahme genannt, und auch kleine Kinder im Haushalt, die im Zusammenhang mit einem Zeitmangel stehen, haben einen negativen Einfluss auf die Teilnahmewahrscheinlichkeit am Intensivkurs. Um diesen Zeitmangel zu umgehen, kann es sinnvoll sein, Kooperationen mit den Arbeitgebern zu suchen, um im Rahmen von betrieblichen Weiterbildungen (während der Arbeitszeit) die Arbeitnehmer über die Altersvorsorge zu informieren.[14] Müttern und Vätern, die in Elternzeit sind, könnte man einen Vormittagskurs mit Kind anbieten. Auch wäre es möglich einen speziellen Eltern-Kind-Altersvorsorgekurs, zugeschnitten auf junge Eltern, zu konzipieren. Hier besteht der Anreiz zur Teilnahme in vielerlei Hinsicht: Eltern treffen Gleichgesinnte, können sich über Erfahrungen austauschen, erhalten wichtige Informationen zur Altersvorsorge von unabhängiger Stelle, benötigen keine Kinderbetreuung, und zu Hause bleibt nicht mehr liegen als sonst, da man sich dort auch um das Kind hätte kümmern müssen. Vielleicht ist es auch möglich ehrenamtliche Personen, wie zum Beispiel Rentner, zu finden, die sich während des Kurses um den Nachwuchs kümmern. Die gezielte Ansprache von bestimmten Personengruppen, für welche gerade ein neuer Lebensabschnitt beginnt, kann dazu führen, dass die Personen nicht nur besonders aufnahmebereit für Ratschläge sind, sondern auch bereit sind, Veränderungen vorzunehmen (Whitehouse 2000). Neue Lebensabschnitte können zum Beispiel mit der Hochzeit, der Geburt eines Kindes, der Arbeitsaufnahme bei einem neuen Arbeitgeber oder ähnlichem beginnen. Whithouse (2000) schlägt ebenfalls vor, Informationen des Seminars speziell auf bestimmte Zielgruppen auszurichten. Dieses könnte wie oben beschrieben auch einfach bedeuten, dass Seminarinhalte, welche für die Zielgruppe von besonderem Interesse sind, ausführlicher behandelt werden. Diese direkte Ansprache von bestimmten Personengruppen soll laut Whitehouse auch die Effektivität der Werbung für den Kurs stärken.

Wichtig kann es auch sein, an einer VHS sowohl Einstiegs- als auch Intensivkurse anzubieten. Denn laut der Telefonbefragung waren mehr Personen daran interessiert, an einem Einstiegskurs teilzunehmen als an einem Intensivkurs. Dieser Einstiegskurs kann dann dazu genutzt werden, das Interesse für die Altersvorsorgethematik zu wecken,

---

[14] Tatsächlich werden bereits, auf Anfrage der Unternehmen, Informationsveranstaltungen zur Altersvorsorge von Referenten der gesetzlichen Rentenversicherung in Betrieben angeboten.

sodass sich die Teilnehmer im Anschluss für einen Intensivkurs einschreiben. Auch für einen möglichen Eltern-Kind-Kurs würde es sich anbieten, in der Pilotphase die Resonanz eines Eltern-Kind-Einstiegskurses abzuwarten.

# 6    Bewertung des Kurses

Im Rahmen des Forschungsprojektes „Altersvorsorge macht Schule" wurden vor Beginn des Kurses die Teilnehmer im ersten Fragebogen nach ihren Erwartungen an den Kurs gefragt. Im Anschluss an den Kurs wurden die Teilnehmer im zweiten Fragebogen gebeten, eine Beurteilung des Kurses anhand von zwei offenen sowie vier kategorisierten Fragen abzugeben. Den ersten Fragebogen haben 132, den zweiten insgesamt 109 Teilnehmer beantwortet. Eine deskriptive Auswertung der auf den Kurs bezogenen Fragen wird nachfolgend präsentiert.

## 6.1    Welche Erwartungen haben Sie an den Kurs?

Die Antworten auf die offene Frage „Welche Erwartungen haben Sie an den Kurs?" wurden in sechs Kategorien zusammengefasst und sind in Abbildung 6-1 zusammengefasst. 117 Personen führten insgesamt 137 Angaben auf. Die am häufigsten genannten Interessen sind den Kategorien „Allgemeine Einführung", „Persönliche Möglichkeiten" und „Vertiefende Informationen" zuzuordnen, welche jeweils über 30 Mal genannt wurden. Danach folgt mit einigem Abstand Interesse an der Rentenlücke und der Riester-Rente. Nur wenige betonen explizit, dass sie Informationen von einer neutralen Seite erhalten möchten.

Die Antworten, die in die Kategorie „Allgemeiner Überblick" fallen und 40 Mal (ca. 30%) genannt wurden, reichen von „Grundwissen zum Thema erwerben" bis „Mich im Rentenwirrwarr zurechtfinden" und „Mich zukünftig in der Angebotsvielfalt zurechtfinden". Dies deutet darauf hin, dass die Teilnehmer sich entweder noch nicht oder nur wenig mit ihrer privaten Altersvorsorge beschäftigt haben bzw. sich schon informiert haben, aber die geeignete Form der Altersvorsorge noch nicht finden konnten.

Die zweite Gruppe der Teilnehmer (ca. 35%) möchte eine konkrete Hilfestellung bei der Planung ihrer eigenen Altersvorsorge. Sie möchte über *individuelle* Möglichkeiten informiert werden sowie speziell die Höhe der eigenen Rente und der Rentenlücke berechnen. Beispielhaft sind Antworten wie „Informationen, wie ich meine Altersvorsorge gestalten kann", „Welche Altersvorsorge ist für mich am geeignetsten" oder „Die eigene Altersvorsorge optimieren". Diese Gruppe scheint sich schon vor dem Kursbesuch mit ihrer eigenen Vorsorgesituation vertraut gemacht zu haben und den Abschluss einer zusätzlichen Altersvorsorge zu planen, aber ein Verkaufsgespräch bei einem Finanzdienstleister noch nicht durchführen zu wollen. Eine etwas kleinere Gruppe (ca. 25%) möchte im Kurs ihr Vorwissen zur Altersvorsorge vertiefen. Personen dieser Gruppe erwarten Informationen zu bestimmten Themen wie zum Beispiel Rentenabschläge, Renditeentwicklung und Entgeltumwandlung. Diese Gruppe hat bereits ein Vorwissen bei der Altersvorsorge und möchte dieses ausbauen und Wissenslücken schließen. Informationen über die Riester-Rente und neutrale Informationen zu erhalten wurde nur selten genannt.

**Abbildung 6-1: Erwartungen an den Kurs**

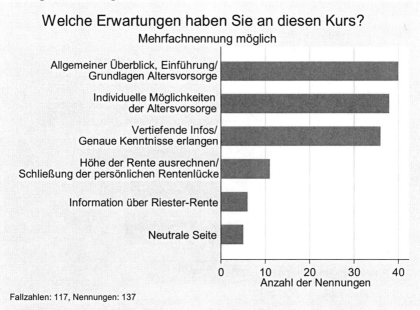

Fallzahlen: 117, Nennungen: 137

Graphik: Eigene Berechnungen

Betrachtet man die Erwartungen getrennt nach dem Alter, so fällt auf, dass die Jüngeren hauptsächlich den Kurs besuchen, um mehr über das Thema Altersvorsorge zu erfahren und Unverständlichkeiten zu klären. Vor allem, was sie für die Altersvorsorge tun müssen, und die Findung einer geeigneten Altersvorsorge ist für sie relevant. Die älteren Kursteilnehmer erwarten hingegen viel mehr eine Optimierung ihrer aktuellen Altersvorsorge und weitere Strategieentwicklungen der richtigen Altersvorsorge. Während die Jüngeren sich allgemeine Informationen erhoffen, gehen vor allem die über 60-Jährigen mit viel präziseren und spezifischeren Informationsaufklärungswünschen in den Kurs. Während viele ältere Kursteilnehmer den Kurs besuchen, um Informationen über die Altersvorsorge zu erhalten, die sie an jüngere Familienmitglieder weitergeben können, erwarten die Jüngeren hauptsächlich vom Kurs, ihre eigene Altersvorsorge voranzutreiben.

## 6.2 Was hat Ihnen am Kurs besonders gefallen?

Im Rahmen des Forschungsprojektes „Altersvorsorge macht Schule" wurden die Teilnehmer nach dem Kurs im zweiten Fragebogen gebeten anzugeben, was ihnen an dem besuchten Kurs besonders gefallen hat. Die offene Frage wurde von 69 der 109 Personen, die den Fragebogen abgaben, beantwortet. Die Antworten sind in Abbildung 6-2 dargestellt.

**Abbildung 6-2: Positive Aspekte des Kurses**

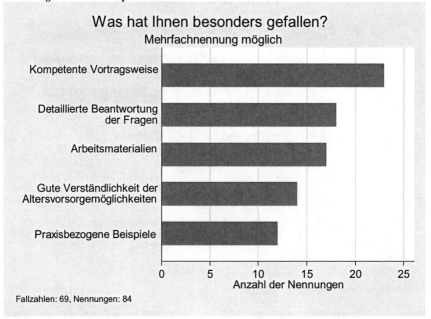

Graphik: Eigene Berechnungen

Die am häufigsten genannten Kategorien sind die „kompetente Vortragsweise der Dozenten", die „detaillierte Beantwortung von Fragen" und die zur Verfügung gestellten „Arbeitsmaterialien". Zusätzlich wurden häufig die gute Verständlichkeit der Altersvorsorgemöglichkeiten sowie die Verwendung praxisbezogener Beispiele gelobt.

Insgesamt lässt sich also eine positive Beurteilung der Veranstaltung feststellen, da sowohl die persönlichen Qualifikationen der Vortragenden als auch das inhaltliche Niveau und der Umfang der Informationen gelobt wurden. Allerdings haben knapp 40% keine Angaben gemacht. Auch die im ersten Fragebogen genannten „Erwartungen an den Kurs" sind inhaltlich weitestgehend abgedeckt. Der allgemeine Überblick, persönliche und detaillierte Praxisbeispiele und vertiefende Infos sowie Informationen über die Riester-Rente sind in den als gut befundenen Aspekten des Kurses enthalten. Damit lässt sich aufgrund der Beurteilung der Fragebogenteilnehmer ein positives Fazit der Kurse ziehen.

## 6.3    Was hat Ihnen überhaupt nicht gefallen?

Im Anschluss an die Frage nach besonders positiven Aspekten am Kurs wurde auch die Frage gestellt, was den Teilnehmern des Kurses „überhaupt nicht gefallen hat". Von den 108 Teilnehmern, die den zweiten Fragebogen ausfüllten, beantworteten nur 27 diese Frage aussagekräftig. Damit haben knapp 25% der Befragten einen oder mehrere Kritikpunkte geäußert.

Die Antworten lassen sich in sechs Kategorien aufteilen, die relativ gleiche Verteilungen aufweisen. Am häufigsten wurden jedoch „die Einseitigkeit für die Riester-Rente" sowie „zu hohe Komplexität des Themas" genannt. Interessanterweise ist beinahe genauso oft bemängelt worden, die Komplexität sei zu niedrig. Die „mangelnde Konkretheit" wie auch die Behandlung zu allgemeiner Themen sind weitere Kritikpunkte.

Einzelkritik gab es im Hinblick auf die „Bevorzugung von Banken", den Rat „erst Schulden abzubauen, bevor Altersvorsorge betrieben werden sollte" oder die „Nutzung von Erfahrungswerten der Vergangenheit für die Berechnungen". Zwei Kritikpunkte bezogen sich auf die Zeiteinteilung. Die Aufteilung in 6 Einheiten und die zeitliche Gestaltung mit Rücksichtnahme auf Schichtarbeiter wurden vorgeschlagen. Solche Einzelvorschläge sind hier unter „andere Kritikpunkte" zusammengefasst und erscheinen daher als größte Gruppe.

**Abbildung 6-3:Kritikpunkte**

Graphik: Eigene Berechnungen

Insgesamt lässt sich beobachten, dass zu jedem Kritikpunkt auch ein Lob in der vorherigen Frage besteht und die Einseitigkeit für Riester-Renten mit den Erwartungen an den Kurs, die zuvor geäußert wurden, korrespondieren. Mit der viermal monierten „mangelnden Konkretheit" korrespondieren 18 ausdrückliche Positivnennungen der „detaillierten Beantwortung von Fragen" sowie 12 hinsichtlich der praxisbezogenen Bespiele. Daher scheint die Kritik eher hinter dem Lob zurückzubleiben und der überwiegende Teil derjenigen, die den Fragebogen beantwortet haben, waren mit dem Kurs zufrieden.

## 6.4 Zusammenfassende Bewertung des Kurses

Zur Beurteilung der Zielerfüllung des Kurses wurden die Teilnehmer gebeten, auf einer fünfstufigen Skala zu bewerten, ob der Kurs eine geeignete Hilfe zur Altersvorsorgeplanung war. Die Bilanz hierbei ist eindeutig positiv. Etwa 85% der Kursteilnehmer empfanden den Kurs als gute bis sehr gute Hilfe, kein Teilnehmer empfand den Kurs als überhaupt keine Hilfe.

**Abbildung 6-4: Zusammenfassende Bewertung des Kurses**

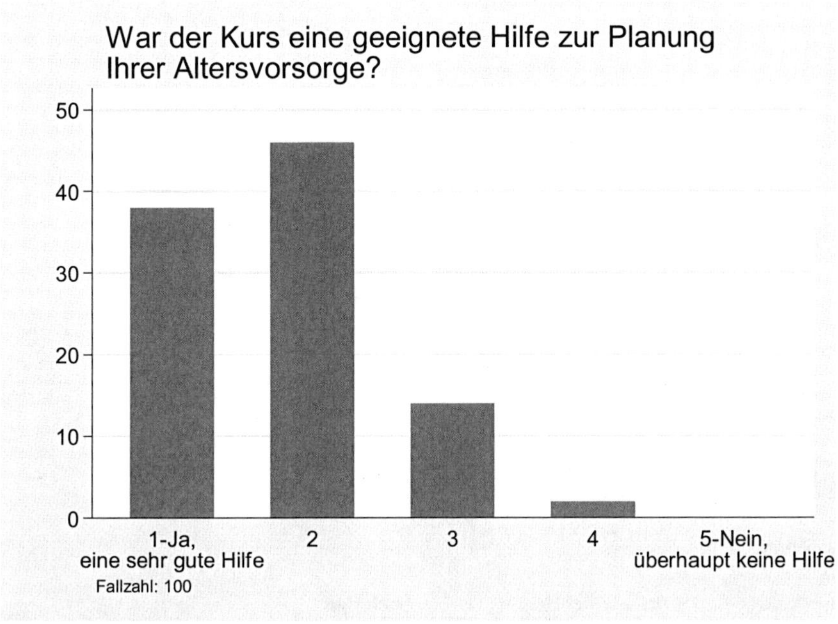
War der Kurs eine geeignete Hilfe zur Planung Ihrer Altersvorsorge?
50
40
30
20
10
0
1-Ja, eine sehr gute Hilfe
2
3
4
5-Nein, überhaupt keine Hilfe
Fallzahl: 100

Graphik: Eigene Berechnungen

## 6.5 *Beurteilung von Umfang, Inhalt und Verständlichkeit des Kurses*

Der inhaltliche Umfang wurde von über 90% der Teilnehmer als beinahe oder genau angemessen bewertet. Weniger als 10% der Befragten fanden den Umfang zu gering oder zu groß. Der Fülle des Kursmaterials wurde von ca. 90% der Befragten als passend und reichlich empfunden, nur sehr wenige fanden das Material zu umfangreich. Kein Teilnehmer befand das Informationsmaterial als zu knapp. Die Einschätzungen sind in den folgenden Abbildungen zusammengefasst.

Des Weiteren hielten über 80% der Teilnehmer den Inhalt des Kurses für verständlich vermittelt. Lediglich mittelmäßig zufrieden mit der Verständlichkeit des Kurses waren 15%. Nun soll noch etwas genauer betrachtet werden, für wen der Kurs eher nicht verständlich war. Unterscheidet man zunächst zwischen Männern und Frauen, so hatten die Frauen im Großen und Ganzen weniger Probleme mit der Verständlichkeit des Kurses als Männer. Dieses ist eine positive Überraschung, angesichts der oft, gegenüber den Männern, geringeren finanziellen Grundbildung von Frauen (Honekamp und Schwarze 2010; Lusardi und Mitchell 2008).

**Abbildung 6-5: Beurteilung des inhaltlichen Umfang des Kurses**

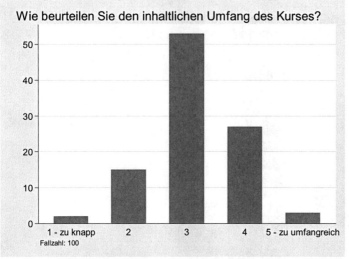

Graphik: Eigene Berechnungen

**Abbildung 6-6: Beurteilung des Umfang des Kursmaterials**

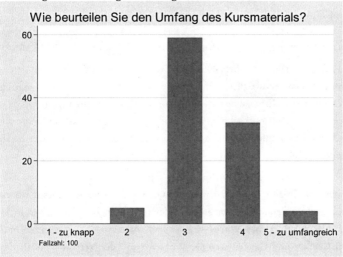

Graphik: Eigene Berechnungen

Bei der Frage nach der Verständlichkeit nach Alterskohorten zeigt sich eine leichte Tendenz dahingehend, dass es den jüngeren Personen, mit Ausnahme der 31- bis 40-Jährigen, etwas leichter fällt, dem Kurs zu folgen. Allerdings sind in der Kategorie „unverständlich" auch mehr unter 31 jährige als ältere Personen, da viele ältere Personen den Kurs für „mittelmäßig" (Bewertung mit 3) verständlich hielten.[15] Zerlegt man die Befragungsteilnehmer nun nach ihrem Schulabschluss, so sind keine Unterschiede zwischen Personen mit Realschulabschluss und Personen mit Abitur erkennbar. Dieses ist ein unerwartetes Ergebnis, lässt die Theorie doch vermuten, dass es jemandem mit einem höheren Bildungsabschluss leichter fallen sollte, neue Informationen aufzunehmen als jemandem mit einem geringeren Bildungsabschluss (Becker und Mulligan 1997a). Da lediglich vier Personen einen Hauptschulabschluss hatten, ist es nicht sinnvoll auf diesen Abschluss weiter einzugehen. Betrachtet man abschließend den Unterschied zwischen den Geschlechtern, so ist erkennbar, dass 84% der Männer und 76% der Frauen den Kurs für gut bis sehr gut verständlich hielten. Dieses mag daran liegen, dass Männer sich im Allgemeinen besser mit finanziellen Angelegenheiten auskennen, was ihnen hilft, dem Kurs besser zu folgen (vergl. Lusardi und Mitchell 2008; Rooij van et al. 2011).

Im Allgemeinen wurde der Kurs von fast allen Teilnehmern als gut verständlich bewertet. Somit lassen sich hieraus auch keine konkreten Vorschläge zur Verbesserung des Kurses ableiten.

**Abbildung 6-7: Verständlichkeit des Kurses nach Geschlecht, Alter und Schulabschluss**

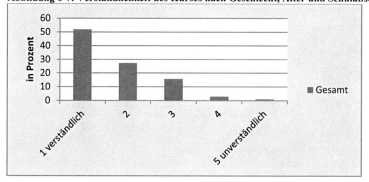

---

[15] Nicht grafisch abgebildet.

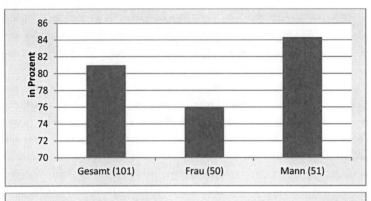

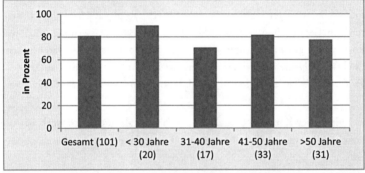

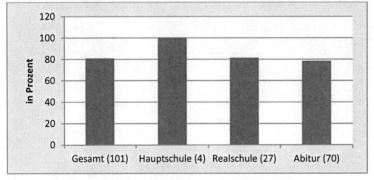

Graphik: Eigene Berechnungen. In den Grafiken, die die Verständlichkeit nach bestimmten demografischen Faktoren abbilden, wird angegeben, wie viel Prozent die Verständlichkeit als gut bis sehr gut einschätzen (Bewertung der Verständlichkeit mit 1 oder 2). Die Zahlen in Klammern geben die Gesamtzahl der Personen an, die ein bestimmtes Merkmal aufweisen. Zum Beispiel gab es unter den Befragten in den VHS-Kursen 27 Personen mit Realschulabschluss. Ca. 80% von diesen hat die Verständlichkeit mit gut bis sehr gut bewertet.

## 6.6 Diskussion

Die Teilnehmer in den Kursen sind heterogen bezüglich des Alters, des Vorhandenseins von Kindern, des Familienstandes, der Zusammensetzung des Vermögens und vieles mehr. Sie sind in den Kurs „Altersvorsorge macht Schule" mit zum Teil sehr unterschiedlichen Erwartungen und Erfahrungen gegangen. Dieses macht es für einen Kurs besonders schwer, den Erwartungen aller Teilnehmer gerecht zu werden. Nach den Bewertungen der Kursteilnehmer zu urteilen, hat der Kurs dieses jedoch geschafft. Die Vortragenden wurden als sehr kompetent eingeschätzt und individuelle Fragen wurden beantwortet. Zwar hielten einige die besonders ausführliche Darstellung der „Riester-Rente" für übertrieben, aber dennoch wurde der Kurs von 85% der Teilnehmer als eine geeignete Hilfe zur Altersvorsorgeplanung eingestuft. Der Umfang des Kurses und des Kursmaterials wurde von 90% der Befragten als angemessen eingestuft. Auch hatten wenige Schwierigkeiten, dem Kurs zu folgen, lediglich 4% der Teilnehmer gaben an, dass der Kursinhalt unverständlich vermittelt wurde.

Diese positive Bewertung insbesondere der Verständlichkeit und des Kursumfangs könnte möglicherweise durch Selektivität in den Kursen zu begründen sein. Es gab kaum Personen mit Hauptschulabschluss, zudem ist es möglich, dass sich die Teilnehmer besonders für das Thema Altersvorsorge interessieren. Diese beiden Voraussetzungen, hohe Bildung und das Interesse an der Thematik könnten dazu führen, dass der Kurs besser bewertet wurde, als wenn auch Personen mit geringerer Bildung und Interesse teilgenommen hätten.

Sollte sich die Kurspopulation auch in Zukunft so zusammensetzen wie in dieser Befragung, besteht kein Anpassungsbedarf bezüglich des Kursumfangs. Es könnte jedoch sinnvoll sein, wie in Kapitel 5.3 diskutiert, bestimmte Personengruppen getrennt anzusprechen. In diesem Fall wäre es dann sinnvoll, auf die inhaltlichen Aspekte des Kurses, die für die jeweilige Personengruppe von besonderem Interesse sind, ausführlicher zu besprechen.

# 7    Finanzielles und rentenspezifisches Wissen

In diesem Abschnitt wird auf die gemessene Veränderung des Wissensstandes zur Alterssicherung, der Einschätzungen zur Rente sowie zu unterschiedlichen Altersvorsorgeprodukten durch den Kursbesuch eingegangen. In die Betrachtung der Veränderung nach dem Kursbesuch gehen nur Personen ein, zu denen Daten von beiden Zeitpunkten vorliegen. Insgesamt liegen 109 Fragebögen von vor und nach Kursbesuch vor.

**Abbildung 7-1: Selbsteinschätzung des Finanzwissens bei Kurs- und Telefonbefragten**

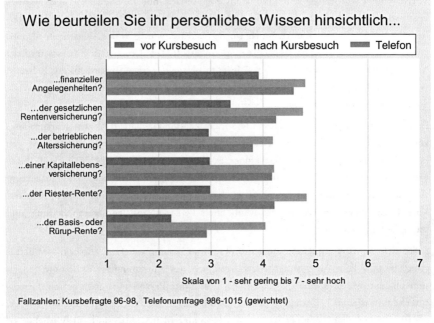

Fallzahlen: Kursbefragte 96-98, Telefonumfrage 986-1015 (gewichtet)

Graphik: Eigene Berechnungen

## 7.1    Wissenstand der Teilnehmer und der Telefonbefragten

Die Kursteilnehmer wurden vor und nach dem Kurs um eine subjektive Einschätzung ihres Wissensstandes zu verschiedenen Geldanlageformen gebeten. Abbildung 7-1 zeigt, dass Personen, die beide Fragebögen beantwortet haben, ihren Kenntnisstand über alle Kategorien hinweg höher einstufen als vor dem Kurs. Die Zunahme ist in allen Kategorien statistisch hoch signifikant.[16] Auch die Höhe der Anstiege wird deutlich. Besonders

---

[16]Im Folgenden werden zur Messung der statistischen Signifikanz bei Vorher/Nachher-Vergleichen der Wilcoxon-Vorzeichenrangtest für Paarvergleiche oder, bei bivariaten Variablen, der McNemar-Test verwendet. Bei

groß ist zum Beispiel der Anstieg bei der Riester-Rente von durchschnittlich 2,9 auf 4,8. Zum Vergleich mit dem Wissenstand in der Gesamtbevölkerung können die Angaben aus der Telefonumfrage verwendet werden. Abbildung 7-1 zeigt auch, dass die Kursteilnehmer vor Kursbeginn ihr Wissen in allen Kategorien niedriger einschätzen als die Telefonbefragten. Nach Kursbesuch steigt die Selbsteinschätzung stark an und übertrifft in allen Kategorien die Einschätzung der Telefonbefragten, wobei der Unterschied in den Kategorien „finanzielle Angelegenheiten und „betriebliche Altersvorsorge" nicht statistisch signifikant ist.

Um einschätzen zu können, ob die Selbsteinschätzung der Befragten realistisch ist, wurden zusätzlich zur subjektiven Einschätzung Wissensfragen zu Themen der Altersvorsorge gestellt. Die vier Fragen zur Altersvorsorge waren:

*Ist die folgende Aussage richtig?*
*„Jeder sozialversicherungspflichtig Beschäftigte hat einen Rechtsanspruch auf betriebliche Altersversorgung (Entgeltumwandlung). Das heißt, jeder Arbeitgeber ist verpflichtet, seinen Beschäftigten auf Wunsch die Möglichkeit zur betrieblichen Altersvorsorge zu bieten"*

*Wenn ein(e) gesetzlich Rentenversicherte(r) ein Jahr vor dem gesetzlichen Renteneintrittsalter in Rente geht, muss er (sie) damit rechnen, eine um __ Prozent geminderte monatliche Rente zu erhalten.*

*Wie viel Prozent ihres Bruttoeinkommens müssen Sie im Jahr sparen, um die volle Riesterförderung zu erhalten?*

*Wie viel Guthaben weist Ihr Sparkonto nach fünf Jahren auf?*
*Angenommen, Sie haben 100 € Guthaben auf Ihrem Sparkonto. Dieses Guthaben wird mit 20 Prozent pro Jahr verzinst und Sie lassen Guthaben und Zinsen fünf Jahre auf diesem Konto.*

Abbildung 7-2 zeigt, dass der Anteil der richtigen Antworten[17] nach dem Kurs erheblich höher ist als vor dem Kurs. Der Anstieg ist für alle Fragen, außer für die Frage zum Zinseszins, welche nach dem Kurs zum gleichen Anteil richtig beantwortet wurde als vor dem Kurs, deutlich und statistisch signifikant. Auffällig ist, dass die Frage nach der Höhe der Rentenminderung, falls der Renteneintritt ein Jahr vor der Regelaltersgrenze stattfindet, auch nach dem Kurs nur knapp über 20% der Teilnehmer richtig beantwor-

---

Vergleichen zwischen den Teilnehmern und Telefonbefragten werden der Wilcoxon-Vorzeichenrangtest oder der Test auf Gleichheit zweier Anteile verwendet.

[17]Die richtigen Antworten sind in der Reihenfolge der Fragen: 3,6%, „Ja", 4% und „Mehr als 200 €".

tet haben. Der Vergleich von Kursbesuchern mit Telefonbefragten zeigt, dass die Tele-fonbefragten nur die Frage zur Entgeltumwandlung häufiger richtig beantworten konn-ten als die Kursbesucher vor dem Kurs.

**Abbildung 7-2: Finanzielles Wissen bei Kursteilnehmern und der Vergleichsgruppe**

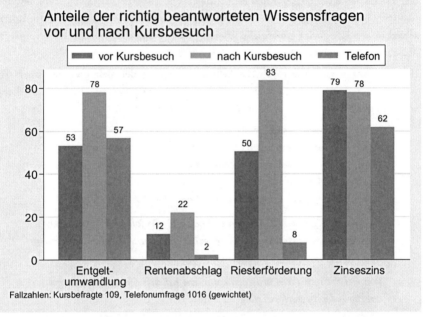

Graphik: Eigene Berechnungen

Die Fragen zu Rentenabschlag und Riesterförderung konnten die Telefonbefragten jedoch deutlich seltener richtig beantworten. Dies lässt die Vermutung zu, dass die Kursbesucher sich schon vor Kursbesuch zu Grundlagen der Altersvorsorge informiert haben. Auch bei der Frage zum Zinseszins schneiden die Telefonbefragten schlechter ab. Damit liegen die Telefonbefragten nur bei der Frage zur Entgeltumwandlung auf gleichem Niveau wie die Teilnehmer vor Kursbeginn, ansonsten deutlich darunter. Das relativ geringe Vorwissen der Telefonbefragten steht im Widerspruch zu deren Selbst-einschätzung. So schätzen die Telefonbefragten ihr Wissen in allen Kategorien höher ein als die Kursbefragten vor der Kursteilnahme (Abbildung 7-1). Dieser Unterscheid könnte jedoch aus den unterschiedlichen Befragungssituationen resultieren. Bei der Telefonumfrage könnten die Befragten mit größerem Selbstbewusstsein antworten als die Kursteilnehmer, welche sich der Komplexität der Themen stärker bewusst sind, weil sie unter dem Eindruck des Kursbesuches stehen. Außerdem könnten die Kursteilnehmer sich bei der Beantwortung der Wissensfragen gegenseitig geholfen oder sich schon vor dem Kurs über Grundlagen der Altersvorsorge informiert haben.

## 7.2 Einschätzungen zur Rente

Wichtige Determinanten zur Ermittlung des zukünftigen Sparbedarfs sind die Höhe der benötigten Rente, eine Einschätzung, ob die gesetzliche Rente ausreichen wird und die Angemessenheit der laufenden Rücklagen. Ob sich die Bewertungen der Teilnehmer hinsichtlich dieser Größen nach dem Kursbesuch verändert haben, wird in folgendem Abschnitt gezeigt.

### 7.2.1 Wie viel Euro würden Sie im Rentenalter benötigen?

61 Personen,[18] die sich vor und nach dem Kurs zum benötigten Alterseinkommen äußern, geben vor dem Kurs durchschnittlich 1747 Euro und nach dem Kurs 1819 Euro an, wobei der Unterschied nicht statistisch signifikant ist. Dieses Ergebnis bedeutet, dass sich die Einschätzung des angemessenen Renteneinkommens durch den Kurs nicht ändert. Daher scheint die Gruppe, welche sich schon vor dem Kurs Gedanken zur Altersvorsorge gemacht hat, schon vor dem Kurs eine realistische Einschätzung ihres zukünftigen Bedarfs zu haben. Der durchschnittliche Betrag der Befragten, die sich vor dem Kurs noch keine Gedanken darüber gemacht haben, wie viel Geld sie im Alter benötigen werden, beträgt nach dem Kurs 1843 Euro (N=30). Die Einschätzungen dieser beiden Gruppen liegen somit nach Kursbesuch nur unwesentlich auseinander.

---

[18] Wegen Filterführung im Fragebogen sinkt hier die Fallzahl. Es wurden nur die Antworten von Personen herangezogen, die vorher angaben, sich bereits vor dem Kurs Gedanken zur Altersvorsorge gemacht zu haben (N=70). Von 9 Personen liegen keine Angaben für beide Zeitpunkte vor.

**Abbildung 7-3: Höhe der angemessenen Rente**

Wenn Sie heute im Rentenalter wären, was denken Sie, wie viel Euro würden Sie monatlich netto (d.h. Ihr verfügbares Einkommen nach Abzug von Steuern und Sozialversicherungsbeiträgen) benötigen, um im Alter angemessen leben zu können?

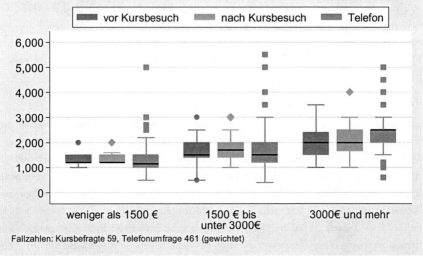

Fallzahlen: Kursbefragte 59, Telefonumfrage 461 (gewichtet)

Graphik: Eigene Berechnungen

Abbildung 7-3 fasst die Höhe der angemessenen Rente für drei verschiedene Einkommensklassen zusammen. Die Mittelwerte werden durch den Kursbesuch nicht verändert, aber der Interquartilsabstand der Kursteilnehmer nach Kursbesuch ist etwas geringer als vor dem Kurs, sodass die Einschätzungen nach dem Kurs weniger Varianz aufweisen als vor dem Kurs, also häufiger nahe am Mittelwert liegen. Dieses Ergebnis ist ein Hinweis, dass nach dem Kurs größere Über- bzw. Unterschätzungen des zukünftigen Bedarfs seltener sind.

## 7.2.2    Wird Ihre gesetzliche Rente oder Pension ausreichen?

Auf die Frage *„Wird Ihre gesetzliche Rente oder Pension ausreichen, um im Alter angemessen leben zu können?"* geben die Befragten auf einer zehnstufigen Skala von „0 – Ja, auf jeden Fall" bis „10 – Nein in keinem Fall" vor dem Kurs durchschnittlich 8,1 und nach Kursbesuch 7,4 an (N=84). Der Unterschied ist statistisch signifikant. Somit schätzen die Teilnehmer nach dem Kurs ihre eigene Rente aus der gesetzlichen Rentenversicherung besser ein als vor Kursbesuch[19], allerdings weiterhin auf sehr niedrigem Niveau. Jedoch glauben unterm Strich sowohl die Kursteilnehmer als auch die Telefonbefragten, dass ihre gesetzliche Rente allein nicht ausreichen wird.

**Abbildung 7-4: Einschätzung zur Angemessenheit der gesetzlichen Rente**

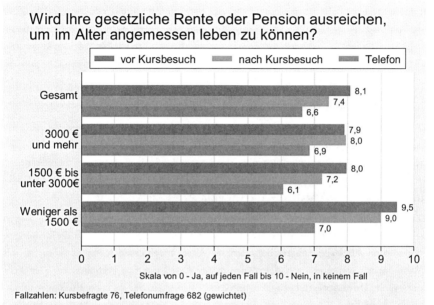

Wird Ihre gesetzliche Rente oder Pension ausreichen, um im Alter angemessen leben zu können?

Skala von 0 - Ja, auf jeden Fall bis 10 - Nein, in keinem Fall

Fallzahlen: Kursbefragte 76, Telefonumfrage 682 (gewichtet)

Graphik: Eigene Berechnungen

Abbildung 7-4 zeigt die Einschätzungen zur gesetzlichen Rente für alle Beobachtungen und nach Einkommensgruppen für Personen, die beide Fragen beantwortet haben. Die Teilnehmer und Telefonbefragten schätzen die gesetzliche Rente als eher ungeeignet ein, um einen angemessenen Lebensstandard zu garantieren. Insgesamt schätzen die Kursteilnehmer ihre gesetzliche Rente nach dem Kurs statistisch signifikant besser ein als vor dem Kurs. Innerhalb der Einkommensklassen steigt die Einschätzung nur für die mittleren Einkommen signifikant. Für die anderen Einkommensklassen konnten wahrscheinlich aufgrund der geringen Fallzahlen keine statistisch signifikanten Unterschiede festgestellt werden.

---

[19]Unter Einbeziehung der Individuen, für die nur Werte einer der beiden Zeitpunkte vorliegen. steigt die Bewertung von 7.9 auf 7.4.

Die Telefonbefragten schätzen die gesetzliche Rentenversicherung statistisch signifikant besser ein als die Kursteilnehmer. Damit stimmen die Ergebnisse mit denen von Hone-kamp (2011) überein, obwohl dort andere Einkommenskategorien verwendet wurden.

Im Zusammenhang mit der gesetzlichen Rente spielt natürlich auch das anvisierte Rentenalter eine Rolle. Hier passten 31% der Befragten ihr Rentenalter nach dem Kurs an. Von 101 Personen, die die Frage zum Rentenalter vor und nach dem Kurs beantwortet haben, haben 13 Personen ihr Rentenalter nach dem Kurs nach oben revidiert und 18 Personen nach unten. Im Mittel verändert sich das angestrebte Rentenalter von 66 Jahren durch den Kursbesuch jedoch nicht.

### 7.2.3    Höhe und Angemessenheit der laufenden Rücklagen

Die Frage „*Wie viel Euro legen Sie monatlich für Ihre private Altersvorsorge zurück?*" beantworten vor dem Kurs die Teilnehmer mit durchschnittlich 197 Euro und nach dem Kurs mit 210 Euro (N=82), wobei der Unterschied nicht statistisch signifikant ist. Die Telefongruppe gibt mit 233 Euro (N=785, gewichtet) etwas mehr laufende Rücklagen an, wobei der Unterschied wiederum nicht statistisch signifikant ist.

Die Befragten wurden auch nach einer Einschätzung zu ihren monatlichen Rücklagen gebeten. Vor dem Kurs beantworten 23% aller Teilnehmer die Frage, ob die bisherigen monatlichen Rücklagen ausreichen, um im Alter angemessen leben zu können, mit „Weiß nicht", während nach dem Kurs dieser Anteil auf 6% gesunken ist. Der Kurs hilft somit, Unwissenheit bezüglich der Zweckmäßigkeit der eigenen Rücklagen abzu-bauen. Abbildung 7-5 zeigt die Angaben für alle Beobachtungen und verschiedene Einkommensgruppen. Der Anteil derer, die angeben, dass ihre laufenden Rücklagen nicht ausreichen, ist nach dem Kurs höher als vor dem Kurs. Dies gilt für die Anzahl der gesamten Beobachtungen sowie über die Einkommensgruppen hinweg. Allerdings ist der Anstieg nur für die gesamten Beobachtungen statistisch signifikant. Auffällig ist, dass auch der Anteil derer, der angibt, dass die monatlichen Rücklagen ausreichend hoch sind, in der Gesamt-Kategorie nach dem Kurs signifikant ansteigt. Dieses Ergebnis deutet darauf hin, dass bei einigen die Höhe der Rücklagen schon ausreicht, um das Einkommensziel im Alter zu erreichen, dennoch kann es sein, dass diese Personen ihr Sparverhalten nach dem Kurs ändern, da ihnen nun Möglichkeiten aufgezeigt wurden, um ihre Anlagestrategie zu optimieren. Innerhalb der Einkommensgruppen ist die einzige statistisch signifikante Veränderung der Anstieg beim Anteil der Aussage „Nein, der Betrag wird nicht ausreichen" für die mittleren Einkommen von 67% auf 75%. Die Telefonbefragten antworten deutlich öfter mit „Ja, der Betrag reicht aus" als die Kursbesucher, wobei der Unterschied bei den mittleren und höheren Einkommen besonders groß ist.

**Abbildung 7-5: Angemessenheit der Rücklagen**

Wird der Betrag den Sie bisher zurücklegen, zuzüglich sonstiger Alters-einkünfte, wie zum Beispiel der gesetzlichen Rente, ausreichen, um im Alter angemessen leben zu können? (Anteile in Prozent)

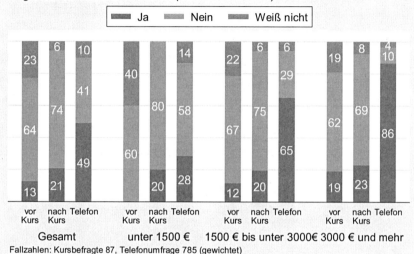

Fallzahlen: Kursbefragte 87, Telefonumfrage 785 (gewichtet)

Graphik: Eigene Berechnungen

## 7.3 Eignung verschiedener Anlageformen für die Altersvorsorge

Die Kursteilnehmer wurden vor und nach dem Kurs auf einer Zehnerskala um eine Einschätzung der Eignung unterschiedlicher Anlageformen zur Altersvorsorge gebeten. Abbildung 7-6 zeigt die durchschnittlichen Bewertungen der Vorsorgeprodukte für Kursteilnehmer und Kontrollgruppe. Die Fallzahlen schwanken je nach Kategorie, da auch die Kategorie „Weiß nicht" zugelassen war. Die Differenzen sind für die Katego-rien „Gesetzliche Altersvorsorge", „Riester-Rente", „Festverzinsliche Wertpapiere" auf einem Niveau von unter 5% statistisch signifikant. Im Durchschnitt steigen die Bewer-tungen für alle Kategorien, außer der Kapitallebensversicherung und der Rürup-Rente. Die Unterschiede der Einschätzung von vor Kursbeginn zur Einschätzung der Telefon-befragten sind für die Kategorien festverzinsliche Wertpapiere, Sparbuch, Immobilien, Riester-Rente und betriebliche Altersvorsorge auf einem Niveau von unter 5% statis-tisch signifikant. Die Telefonbefragten halten somit das Sparbuch für besser geeignet als die Kursteilnehmer und die festverzinslichen Wertpapiere, Immobilien, Riester-Rente und betriebliche Altersvorsorge für weniger geeignet.

**Abbildung 7-6: Eignung der Vorsorgeprodukte**

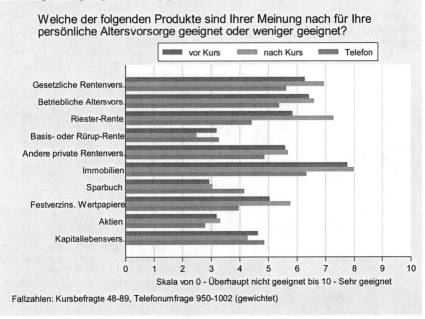

Welche der folgenden Produkte sind Ihrer Meinung nach für Ihre persönliche Altersvorsorge geeignet oder weniger geeignet?

Skala von 0 - Überhaupt nicht geeignet bis 10 - Sehr geeignet

Fallzahlen: Kursbefragte 48-89, Telefonumfrage 950-1002 (gewichtet)

Bemerkung: Durchschnittswerte über alle Befragte, Grafik: Eigene Berechnungen

Abbildung 7-7 zeigt die Anteile für die Antwortkategorie „Weiß nicht" der Frage zur Eignung der unterschiedlichen Vorsorgemöglichkeiten. Deutlich erkennbar ist, dass die Anteile in allen Anlagesparten stark zurückgehen, bei der Riester-Rente, Immobilien und Aktien sogar bis auf null. Dies deutet darauf hin, dass es hinsichtlich der Finanzmarktprodukte erhebliche Lerneffekte gab. Erkennbar ist auch, dass die Telefonbefragten deutlich weniger oft „Weiß nicht" antworteten als die Kursteilnehmer vor dem Kurs.

**Abbildung 7-7: Eignung der Produkte – Anteile „Weiß nicht"**

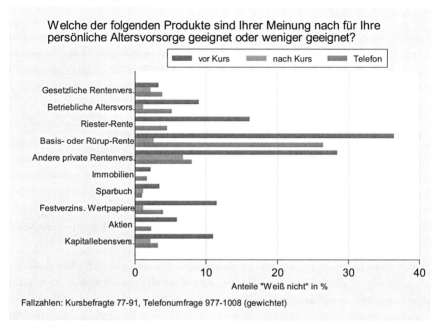

Welche der folgenden Produkte sind Ihrer Meinung nach für Ihre persönliche Altersvorsorge geeignet oder weniger geeignet?

Fallzahlen: Kursbefragte 77-91, Telefonumfrage 977-1008 (gewichtet)

Graphik: Eigene Berechnungen

## 7.4 Diskussion

In den Bereichen finanzielles Wissen, Rentenhöhe und Vorsorgeprodukte wurden durch den Kurs viele statistisch signifikante Veränderungen hervorgerufen. So beurteilten die Kursteilnehmer nach dem Kurs insbesondere ihr Wissen zur Riester-Rente als wesentlich besser im Vergleich zu vor dem Kurs. Ebenso verbesserte sich das subjektive Wissen in den Bereichen gesetzliche Rente und der „Basis-" bzw. „Rürup-Rente". Auch das objektive Wissen, gemessen an drei Fragen zur Altersvorsorge, stieg durch den Kurs signifikant an.

Keine Veränderungen wurden dagegen im Mittel beim benötigten Alterseinkommen festgestellt. Allerdings lässt die deskriptive Auswertung der Frage vermuten, dass nach dem Kurs größere Über- bzw. Unterschätzungen des tatsächlichen Bedarfs seltener sind. Diese letzte Vermutung wäre im Einklang mit dem Ergebnis von Clark et al. (2006), welche herausfanden, dass die von ihnen analysierten Seminare insbesondere die Höhe der gewünschten Einkommensersatzrate beeinflussten. Weiterhin haben nach dem Kursbesuch 31% der Befragungsteilnehmer ihr angestrebtes Rentenalter nach oben oder unten angepasst.

Kursteilnehmer sowie Telefonbefragte sind sich im Durchschnitt einig, dass ihnen eine Rente allein aus der gesetzlichen Rentenversicherung nicht ausreichen wird. Insgesamt stehen die Kursbesucher der gesetzlichen Rente pessimistischer gegenüber als die Telefonbefragten. Zwar trägt der Kurs dazu bei, dass die Teilnehmer ihre Rentenanwartschaften nach dem Kurs etwas höher bewerten, jedoch ist diese Bewertung immer noch schlechter als die der Telefonbefragten. Ebenfalls wurden die Kursteilnehmer gebeten einzuschätzen, ob ihre bisherigen monatlichen Rücklagen ausreichend sind, um im Alter angemessen leben zu können. Vor dem Kurs haben 23% mit „weiß nicht" geantwortet, nach dem Kurs nur noch 6%. Der Kursbesuch hat somit vielen Teilnehmern dabei geholfen, die Zweckmäßigkeit ihrer Rücklagen besser einzuschätzen. Auch bei dieser Frage sind die Telefonbefragten entweder optimistischer oder sie legen tatsächlich mehr zurück als die Kursteilnehmer, denn von ihnen gibt ein wesentlich höherer Prozentsatz an, dass die bisherigen Rücklagen ausreichen werden.

Zum Schluss wurde noch analysiert, welche Produkte für die persönliche Altersvorsorge geeignet sind. Hier waren sich wiederum viele Kursteilnehmer vor dem Kurs nicht sicher und beantworteten die Frage mit „weiß nicht". Nach dem Kurs gab es kaum noch Personen, die nicht in der Lage waren zu beurteilen, welche Vorsorgeprodukte für sie geeignet sind oder nicht. So wurden nach dem Kurs zum Beispiel festverzinsliche Wertpapiere, Immobilien, die Riester-Rente und die betriebliche Altersvorsorge nach dem Kurs als besser geeignet eingestuft als vor dem Kurs. Schlechter geeignet für die persönliche Altersvorsorge wurden die Basis- bzw. Rürup-Rente und die Kapitallebensversicherung. Das Absinken der Attraktivität der Basis- bzw. Rürup-Rente wird hauptsächlich daran liegen, dass dieses Produkt hauptsächlich auf die private Altersvorsorge von Selbstständigen zugeschnitten ist. Da unter den Teilnehmern nur wenige selbstständig sind, ist infolgedessen die Attraktivität dieser Vorsorgeform nicht sehr hoch.

Kapitel 7 hat gezeigt, dass der Kurs „Altersvorsorge macht Schule" zu wesentlichen Veränderungen im Wissen und Verständnis der Kursteilnehmer geführt hat. Die Kursteilnehmer sind nun mit den meisten Informationen versorgt, welche sie benötigen, um die für sie optimale Altersvorsorgestrategie zu wählen. Die Analysen haben gezeigt, dass die Teilnehmer nach dem Kurs besser abschätzen können, ob eine Rentenlücke zu erwarten ist und welche Produkte für sie geeignet sind. Zum Teil haben die Teilnehmer auch ihr Rentenalter oder ihr angestrebtes Alterseinkommen nach dem Kurs angepasst. Das nächste Kapitel zeigt nun, ob Individuen nach dem Kurs weitere Maßnahmen in Bezug auf die Altersvorsorge planen und ob sie diese auch in die Tat umsetzen.

# 8    Besitz und Planung

Dieser Abschnitt geht auf die vorhandenen Wertanlagen sowie auf die Zukunftspläne der Befragten ein. Insbesondere die Art und der Zeitpunkt für eine eventuell zu verändernde Altersvorsorge der Kursteilnehmer soll näher untersucht werden. Hierbei werden die Faktoren, denen eine entscheidende Rolle bei der Altersvorsorgeentscheidung zukommt, analysiert. Zudem werden die Finanzmarktprodukte genauer betrachtet, welche die Individuen zu Zwecken der Altersvorsorge zu erwerben planen.

## 8.1    *Besitz von Wertanlagen im Haushalt*

Abbildung 8-1 zeigt den Besitz an Wertanlagen für Kursteilnehmer und Telefonbefragte. Die Unterschiede sind besonders für Altersvorsorgeprodukte, wie Lebensversicherungen, Riester-, Rürup- und andere Rentenversicherungen auffällig.

**Abbildung 8-1: Besitz von Wertanlagen**

Fallzahlen: Kursteilnehmer 119, Telefonumfrage 979 (gewichtet)

Graphik: Eigene Berechnungen

Bei den übrigen Anlageformen sind die Unterschiede weniger ausgeprägt und nicht statistisch signifikant. Dass nur 60% der Kursteilnehmer ein Girokonto besitzen scheint unglaubwürdig, es kann jedoch nicht erklärt werden, wieso der Anteil der Girokontobesitzer so gering ist.

Insgesamt besitzen knapp 70% der Telefonbefragten staatlich geförderte Altersvorsorgeprodukte (Riester-/Rürup-Rente oder betriebliche Altersvorsorge). Die Selektion in der Telefonumfrage könnte den Anteil derer, die ein solches Altersvorsorgeprodukt besitzen, erhöhen. So befinden sich in der Telefonstichprobe überdurchschnittlich viele Hochqualifizierte, was jedoch durch die Gewichtung ausgeglichen wird. Allerdings haben einige Personen aus Interesse an der Thematik am Telefoninterview teilgenommen. Dieses Interesse war zum Teil auch dadurch begründet, dass sie sich beruflich mit der privaten Altersvorsorge auseinandersetzen. Eine derartige Selektion kann nicht durch die vorgenommene Gewichtung ausgeglichen werden. Von den Kursteilnehmern besitzen insgesamt 51% ein staatlich gefördertes Altersvorsorgeprodukt.

## 8.2 Planung der Altersvorsorge

Dieser Abschnitt stellt die Auswertung der Fragen zur Planung der Altersvorsorge zusammen. Dazu zählt, ob konkrete Planungen zur Altersvorsorge gemacht werden, von welchen Faktoren das Planen abhängt, wann die Altersvorsorgemaßnahmen beginnen sollen und in welche Produkte mehr oder weniger investiert werden soll.

### 8.2.1 Planen Sie konkrete Maßnahmen zur Altersvorsorge?

Die Kursteilnehmer wurden nach dem Kurs nach ihren Plänen zur Altersvorsorge gefragt. Abbildung 8-2 zeigt die Planungsbereitschaft der Personen, die angaben, nach dem Kurs schon mindestens eine zusätzliche Altersvorsorge zu haben (71%) und Personen, die angaben, noch keine zu haben (21%). Es zeigt sich, dass immerhin 57% der Kursteilnehmer nach dem Kurs angeben, eine weitere Altersvorsorge zu planen, wobei 53% schon eine zusätzliche Altersvorsorge besitzen. Dieser hohe Anteil deutet darauf hin, dass für Personen, die vor dem Kurs schon Altersvorsorge betrieben haben, ein Optimierungsbedarf besteht. Auch der hohe Anteil derer, die sich noch nicht entschieden haben, konkrete Maßnahmen zur Altersvorsorge zu treffen, ist mit 19% am zweithöchsten und zeigt, dass hier noch Bedarf an Altersvorsorgeprodukten bestehen könnte. Kein Geld für eine zusätzliche Altersvorsorge haben immerhin 13% der Kursteilnehmer. Das Einkommen dieser Gruppe unterscheidet sich allerdings nach einem Wilcoxon-Rangsummentest nicht vom Einkommen der übrigen Teilnehmer. Damit haben Personen, die angaben, kein Geld für eine weitere Altersvorsorge zu haben, im Durchschnitt das gleiche Einkommen wie die übrigen Kursteilnehmer. Auch unterscheiden sich diese Gruppen nicht darin, ob sie schon Altersvorsorgeprodukte besitzen oder nicht.

**Abbildung 8-2: Planen Sie konkrete Maßnahmen zur Altersvorsorge?**

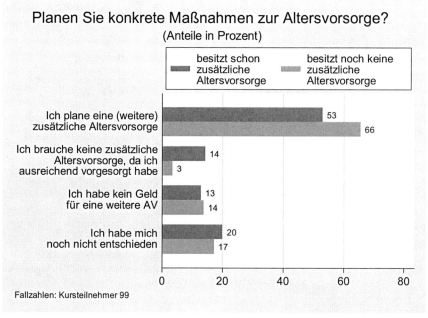

Grafik: Eigene Berechnungen

Im Hinblick auf die Überprüfung der im Theorieteil aufgestellten Hypothesen, wird im Folgenden deskriptiv betrachtet, ob das Wissen und die Zeitpräferenz vor dem Kurs womöglich einen Einfluss auf das Planungsverhalten nach dem Kurs haben. Tabelle 8-1 zeigt, dass insbesondere die Personen, die sich vor dem Kurs noch keine Gedanken darüber gemacht haben, wie viel Geld sie im Alter benötigen, und die Personen, deren objektives Wissen eher schlecht ist, nach dem Kurs häufiger konkrete Altersvorsorgeplanungen vornehmen wollen als Personen, die sich schon Gedanken gemacht haben oder deren objektives Wissen gut ist. Aufgrund der geringen Fallzahl und der zusätzlich vielen fehlenden Werte bei den Fragen zum objektiven Wissen erweist es sich schwierig, diese Ergebnisse anhand einer multivariaten Regression nachzuvollziehen. Trotz dieser Einschränkung werden in Tabelle 8-2 die Ergebnisse einer logistischen Regression kurz dargestellt.

Die multivariate Analyse zeigt, dass unter Einbezug weiterer Variablen in das Modell die Variablen, die das Vorwissen abbilden, zwar den erwarteten negativen Koeffizienten aufweisen (höheres Vorwissen verringert die Wahrscheinlichkeit der Planung einer weiteren Altersvorsorge), diese aber nicht signifikant sind. Die Zeitpräferenzvariable hat in Modell 2, ohne Berücksichtigung des objektiven Wissens, einen signifikant negativen Effekt, was bedeutet, dass diejenigen, die Tätigkeiten mit sofortigen Resultaten denen mit zukünftigen Resultaten vorziehen, seltener planen als umgekehrt.

**Tabelle 8-1: Planung einer zusätzlichen Altersvorsorge, Teilnehmerbefragung, deskriptiv**

Haben Sie sich schon einmal Gedanken darüber gemacht, wie viel Gled Sie im Alter benötigen werden?

|      | Planen % | Gesamt % |
|------|----------|----------|
| Ja   | 54       | 67       |
| Nein | 62       | 33       |

Subjektives Wissen

|          | Planen % | Gesamt % |
|----------|----------|----------|
| Gut      | 53       | 21       |
| Schlecht | 57       | 79       |

Objektives Wissen, Gut: mindestens drei von vier Fragen richtig

|          | Planen % | Gesamt % |
|----------|----------|----------|
| Gut      | 52       | 41       |
| Schlecht | 61       | 58       |

Tätigkeiten mit greifbaren Resultaten sind wichtiger als Tätigkeiten, deren Resultate sich erst in ferner Zukunft einstellen
Ja: wenn mindestens 5 auf der Skala 0: nicht zutreffens bis 10 zutreffend

|      | Planen % | Gesamt % |
|------|----------|----------|
| Ja   | 54       | 67       |
| Nein | 62       | 33       |

Quelle: 1. Telefonbefragung, Variable Planen aus zweiter Telefonbefragung.

Zudem zeigt das Modell, dass erwartungsgemäß die Personen die annehmen, dass ihre bisherige private Vorsorge bereits ausreicht, eher seltener planen als Personen, die glauben, ihre bisherige Vorsorge reiche nicht aus. Das Alter der Befragten hat einen ebenfalls signifikanten und überraschenden Effekt auf das Planungsverhalten. Denn der Alterseffekt ist negativ, was bedeutet, dass die Wahrscheinlichkeit mit dem Alter abnimmt, aber dann ab einem bestimmten Alter wieder steigt. Die theoretische Annahme, welche dem nicht linearen Term Alter (und Alter zum Quadrat) zu Grunde liegt, war konträr dazu, dass die Wahrscheinlichkeit bis zu einem bestimmten Alter zunimmt, um dann kurz vor Erreichen des Ruhestandsalters wieder abzunehmen. Zunächst steigt das Bewusstsein für die Wichtigkeit der Altersvorsorge mit dem Alter, die private Altersvorsorge bekommt einen höheren Stellenwert. Kurz vor der Rente sind dann schon viele Betroffene der Ansicht, dass sich die Altersvorsorgeplanung für sie nicht mehr lohnen wird. Wie kann nun das überraschende Ergebnis in der Analyse der Teilnehmerbefragung erklärt werden? Wie Abbildung 5-1 gezeigt hat, nehmen an den Volks-hochschulkursen überproportional viele Personen im Alter zwischen 50 und 60 Jahren teil. Es scheint also noch ein Optimierungsbedarf der Altersvorsorge für diese Personen zu bestehen. Da sich durch die Selektion in den Kursen eine recht homogene Gruppe gebildet hat, welche offen für Ratschläge und Veränderungen im Bereich der Altersvor-sorge ist, wird hier der erwartete Alterseffekt nicht bestätigt.

**Tabelle 8-2 Planung einer zusätzlichen Altersvorsorge, Teilnehmerbefragung**

| Plant (weitere) Altersvorsorge | Modell 1 | | | | Modell 2 | | | |
|---|---|---|---|---|---|---|---|---|
| | coef. | s.e. | p>\|z\| | | coef. | s.e. | p>\|z\| | |
| Gedanken über finanz. Bedarf im Alter | -0.14 | 1.45 | 0.903 | | -0.54 | 0.69 | 0.432 | |
| Subjektives Wissen dummy | -0.47 | 1.12 | 0.677 | | 0.15 | 0.75 | 0.845 | |
| Objektives Wissen dummy | -0.24 | 0.95 | 0.799 | | | | | |
| Tätigkeiten mit greifbaren Resultaten wichtig | -1.40 | 1.09 | 0.201 | | -1.37 | 0.71 | 0.054 | * |
| Spare ausreichend für Altersvorsorge | -5.99 | 2.09 | 0.004 | *** | -4.10 | 1.20 | 0.001 | *** |
| Mann | -1.04 | 0.91 | 0.253 | | -0.68 | 0.62 | 0.274 | |
| Anzahl der Kinder | 1.04 | 0.59 | 0.075 | * | 0.47 | 0.35 | 0.176 | |
| Alter | -0.81 | 0.45 | 0.071 | * | -0.82 | 0.29 | 0.004 | *** |
| Alter zu Quardrat | 0.01 | 0.01 | 0.125 | | 0.01 | 0.00 | 0.007 | *** |
| Haushaltseinkommen | -0.04 | 0.27 | 0.871 | | 0.08 | 0.18 | 0.653 | |
| Konstante | 20.45 | 9.51 | 0.032 | | 20.07 | 6.19 | 0.001 | |
| N | 47 | | | | 79 | | | |
| Pseudo R2 | 0.402 | | | | 0.334 | | | |

Quelle: 1. und 2. Teilnehmerbefragung. Variablenbeschreibung siehe Anhang.

Da die konkrete Planung ein wichtiger Schritt zur privaten Altersvorsorge ist, soll diese im Folgenden für die Telefonbefragten, für welche uns eine größere Stichprobe zur Verfügung steht, noch etwas genauer untersucht werden. Im theoretischen Teil dieses Berichts wurde der Weg zur privaten Altersvorsorge in Abbildung 2-1 beschrieben. Personen, die konkrete Planungen für eine (weitere) Altersvorsorge machen, befinden sich bei Schritt fünf. Sie haben somit die ersten vier im Modell beschriebenen Hürden zum Altersvorsorgesparen überwunden. Personen, die planen, haben sich Gedanken über ihr Alter gemacht und festgestellt, dass die gesetzliche Rente oder Pension nicht ausreichen wird, um im Alter angemessen leben zu können. Danach haben sie geprüft, ob das bisherige Vermögen und ihre Sparanstrengen ausreichen, um die Versorgungs-lücke zu schließen. Ist man zu dem Schluss gekommen, dass bisherige Ersparnisse nicht ausreichen, wird man, soweit noch finanzieller Spielraum besteht, mit konkreten Planungen einer (zusätzlichen) Altersvorsorge beginnen.

Für die Analyse des Planungsverhaltens würde es bedeuten, dass Personen, die festge-stellt haben, dass ihre bisherigen Sparanstrengungen nicht ausreichen und ihnen finan-zielle Mittel zum Sparen zur Verfügung stehen, mit einer größeren Wahrscheinlichkeit mit der konkreten Altersvorsorgeplanung beginnen als andere Personen. Deshalb gehen diese beiden Variablen in das Modell zur Erklärung des Planungsverhaltens mit ein. In der Telefonbefragung gaben ca. 42% an, dass ihre bisherigen Ersparnisse nicht reichen werden. Bei einer Frage zum Sparverhalten gaben nur ca. 10% an, dass sie nicht sparen, weil kein finanzieller Spielraum da ist. Da sich diese Frage auf das allgemeine Sparen und nicht das Altersvorsorgesparen bezieht, wird der Anteil an Personen, die kein Geld für die Altersvorsorge übrig haben, vermutlich unterschätzt, sodass diese Variable nur bedingt für die Erklärung des Sparverhaltens nützlich ist. Da sich im Datensatz der ersten Telefonbefragung aber keine geeignetere Variable ausmachen lässt, wird im Folgenden jeweils ein Modell mit der Variable „Kein Geld zum Sparen" und ein Modell ohne diese Variable geschätzt.

Insgesamt ist das Modell zur Analyse den Planungsverhaltens ähnlich dem Modell zur Teilnahmebereitschaft an Intensiv- und Einstiegskursen zur Altersvorsorge, wie in Kapitel 5 bereits diskutiert wurde. So gehen in das Modell auch demografische Faktoren wie Geschlecht, Alter, Alter zum Quadrat, Familienstand, Kinder, Interaktion zwischen Kindern und Alter und die Schulbildung mit ein. Es wird vermutet, dass die Wahrscheinlichkeit, konkreten Planungen nachzugehen, mit dem Alter bis zu einem bestimmten Punkt steigt. Hat man ein gewisses Alter erreicht, ist die Planungsphase weitestgehend abgeschlossen, und es können oft nur noch geringfügige Änderungen am Altersvorsorgeverhalten vorgenommen werden. Dieses liegt zum einen daran, dass eine Kündigung oder ein Wechsel von Rentenversicherungsverträgen, Lebensversicherungen oder Ähnlichem oft mit hohen Kosten verbunden ist, und zum anderen daran, dass viele Ältere glauben, dass sich die private Vorsorge für sie nicht mehr lohnt. Theoretisch ist die Rolle des Familienstandes bei der Planung schwer abzuschätzen. Da in das Modell allerdings das individuelle Einkommen eingeht und nicht das Haushaltseinkommen, ist der Familienstand in diesem Bezug von großer Bedeutung.[20] So hat das persönliche Einkommen von Verheirateten voraussichtlich einen geringeren Einfluss auf das Planungsverhalten, als das Einkommen von Singles. Dieses liegt daran, dass für Verheiratete auch das Einkommen des Partners und dessen Alterseinkünfte eine Rolle spielen. Aus diesem Grund wurde auch ein Interaktionsterm zwischen Familienstand und Einkommen mit aufgenommen.

---

[20] Es fließt lediglich das persönliche Einkommen ein, da dieses aufgrund der zahlreichen Informationen zur befragten Person genauer imputiert werden kann. Da im Datensatz kaum Informationen zum Partner vorliegen, wurde auf die Aufnahme des Einkommens des Partners verzichtet.

Die Anzahl der Kinder beeinflusst oft, die finanzielle Situation der Familie. Junge Kinder die noch zu Hause wohnen belasten das Konto der Eltern stärker als Kinder die bereits auf eigenen Beinen stehen. Da es die Datenlage nicht erlaubt für das Alter der Kinder zu kontrollieren, soll dieses indirekt über einen Interaktionsterm zwischen der Anzahl der Kinder und dem Alter der befragten Person geschehen. Es wird vermutet, dass der Effekt von Kindern auf die Planung einer Altersvorsorge bei jungen Eltern stärker ist, als bei älteren, da angenommen wird, dass die Kinder dann ebenfalls älter sind. Bei der Schulbildung wird angenommen, dass eine hohe Schulbildung die Aufnahme und Verarbeitung von neuen Informationen vereinfacht (Becker und Mulligan 1997). Somit ist die konkrete Planung für Personen mit höherem Bildungsabschluss im Vergleich zu Personen mit einem niedrigeren Bildungsabschluss mit geringeren subjektiven Kosten verbunden, die Planungsbereitschaft steigt also mit dem Bildungsabschluss. Bei dem ebenfalls erwähnten demografischen Faktor, Geschlecht, ist der Einfluss auf das Planungsverhalten eher gering einzuschätzen, da viele Eigenschaften, die Männern von Frauen unterschieden als separate erklärende Variable mit aufgenommen werden. Dazu gehört zum Beispiel „Wie gern beschäftigen Sie sich mit finanziellen Angelegenheiten" oder das subjektive und objektive Wissen zur Altersvorsorge. Anhand der Daten der Telefonbefragung zeigt sich zum Beispiel, dass 48% der Frauen sich ungern mit finanziellen Angelegenheiten beschäftigen, aber nur 39% der Männer. Ebenso wurde bereits in mehreren Untersuchungen zur finanziellen Grundbildung belegt, dass Frauen in diesem Bereich geringere Kenntnisse als Männer aufweisen (vergl. Honekamp und Schwarze 2010, Lusardi und Mitchell 2008).Auch in der Telefonbefragung spiegelt sich dieses Bild wieder. So konnten ca. 16% der Männer mindestens vier der sechs Wissensfragen richtig beantworten aber nur 6% der Frauen.

Befasst sich jemand gern mit finanziellen Angelegenheiten, so ist zu vermuten, dass die Bereitschaft, konkrete Planungen vorzunehmen, größer ist als für jemanden, der sich ungern mit finanziellen Angelegenheiten beschäftigt. Ein gewisses Vorwissen, objektiv sowie subjektiv, senkt die Planungskosten und erhöht damit die Wahrscheinlichkeit des Planens. Individuen, die von sich behaupten, sie hätten nicht genug Zeit, um sich mit finanziellen Angelegenheiten zu beschäftigen, oder sie würden finanzielle Angelegenheiten, insbesondere in Bezug auf die Altersvorsorge, schon einmal vor sich her schieben, werden mit einer geringeren Wahrscheinlichkeit konkrete Altersvorsorgeplanungen vornehmen als Personen, die diese Fragen anders beantwortet haben. Zudem wird ein negativer Zusammenhang zwischen der Altersaversion, gemessen an der Assoziation von Alter mit Krankheit und Pflegebedürftigkeit, vermutet (Becker und Mulligan 1997).

Neben diesen negativen Gedanken bezüglich des Älterwerdens beinhaltet diese Variable noch eine zweite Interpretationsmöglichkeit.

Beziehen die Befragten die Krankheit und Pflegebedürftigkeit auf ihr eigenes Leben im Alter, so resultiert hieraus vermutlich auch eine geringere Lebenserwartung, welche die Rendite einer zusätzlichen Altersvorsorge schmälert. Ein Indiz dafür, dass einige die Frage so interpretiert haben ist, dass von denjenigen, die ihre gesundheitliche Situation in zehn Jahren als besonders gut eingeschätzt haben, über die Hälfte, nämlich 59%, angaben, dass sie das Alter nicht mit Krankheit und Pflegebedürftigkeit verbinden.[21] Die anderen haben die Frage eher allgemein, also unabhängig von ihrer eigenen gesundheitlichen Situation, beantwortet. Für die Richtung des Effekts dieser Variable auf das Planungsvorhaben ist die Weise der Interpretation unerheblich, da nach der Theorie von Becker und Mulligan (1997) in beiden Fällen (Altersaversion und geringe Lebenserwartung) davon ausgegangen werden kann, dass die Wahrscheinlichkeit der Altersvorsorgeplanung sinkt.[22]

Die beiden letzten Variablen, die in das Model mit aufgenommen werden, beschreiben zwei für das Altersvorsorgesparen wichtige Eigenschaften der Befragten. So soll mit der Frage danach, ob eine Person genau für die Zukunft plant, die Zeitpräferenz approximiert werden. Personen, die sehr genau für die Zukunft planen, sind somit eher zukunftsorientiert und die anderen eher gegenwartsorientiert. Auf einer Skala von 0-10 konnten die Befragten angeben, wie genau sie für die Zukunft planen. Für die Regression wurden drei Kategorien von 0 bis 2 gebildet, wobei jemand mit dem Wert 0 besonders gegenwartsorientiert ist, jemand mit dem Wert 1 zwischen besonders gegenwartsorientiert und besonders zukunftsorientiert steht und jemand mit dem Wert 2 besonders zukunftsorientiert ist. Gemäß der Theorie sollte die Wahrscheinlichkeit, für das Alter zu planen, steigen, je zukunftsorientierter jemand ist. Eine weitere Variable beschreibt, ob Personen dazu neigen, finanzielle Angelegenheiten und damit auch die Altersvorsorge schon einmal ein wenig vor sich her zu schieben. Hier gab es für die

---

[21] Die eigene Gesundheit in zehn Jahren konnte eingeschätzt werden zwischen dem Wert „0", sehr schlecht, bis „10", sehr positiv. Diejenigen, die ihre Gesundheit besonders gut eingeschätzt haben, sind diejenigen, die einen Wert größer als sechs gewählt haben.

[22] Wenn Personen diese Frage auf sich selbst bezogen haben und die geringe Lebenserwartung mit Phasen der Krankheit und Pflegebedürftigkeit verbunden ist, dann könnte man, aufgrund der geringen Leistungen der Pflege- und Krankenversicherung, auch einen positiven Effekt der Variable auf das Planungsverhalten erklären. Personen, die keine Kinder haben oder diesen finanziell und zeitlich später nicht zur Last fallen möchten, planen und sparen während des Erwerbslebens, damit sie sich eine geeignete Wohnung im Pflegeheim, die Pflege zu Hause oder auch eine von der Krankenkasse nicht übernommene Behandlung leisten können.

Befragten vier Antwortkategorien: „stimme voll zu", „stimme eher zu", „stimme eher nicht zu" und „stimme überhaupt nicht zu". Daraus wurde eine binäre Variable gebildet, welche „1" ist, wenn jemand zum Aufschieben finanzieller Angelegenheiten neigt und „0"wenn nicht.

Nachdem nun alle in das Modell einfließenden Variablen beschrieben wurden und deren theoretischer Einfluss auf das Planungsverhalten erörtert wurde, werden nun die Regressionsergebnisse vorgestellt und mit den erwarteten Effekten verglichen. Tabelle 8-3 zeigt die Ergebnisse der logit Regression zum einen im „complete cases" Fall und zum anderen mit den imputierten Daten.

Alle signifikanten Einflussfaktoren (bis auf das Alter) der „complete cases"-Analyse werden in der Analyse mit imputierten Daten bestätigt. Dazu haben in der Analyse mit den imputierten Daten noch weitere Variablen einen Einfluss auf das Planungsverhalten. Dieser Unterschied ist darauf zurückzuführen, dass die Imputation ermöglicht, wesentlich mehr Fälle (befragte Personen) in die Analyse mit einzubeziehen. Im beschriebenen Fall erhöht sich die Anzahl der zu analysierenden Fälle um 517 Personen.

Tabelle 8-3: Planung einer zusätzlichen Altersvorsorge: Telefonbefragung

| Plant (weitere) Altersvorsorge | complete cases | | | | Imputiert | | | |
|---|---|---|---|---|---|---|---|---|
| | coef. | s.e. | p>\|z\| | | coef. | s.e. | p>\|z\| | |
| Mann | 0.186 | 0.282 | 0.510 | | 0.319 | 0.197 | 0.105 | |
| Alter | 0.220 | 0.118 | 0.063 | * | 0.107 | 0.078 | 0.168 | |
| Alter zum Quadrat | -0.004 | 0.002 | 0.024 | ** | -0.002 | 0.001 | 0.027 | ** |
| Verheiratet | -0.177 | 0.511 | 0.730 | | -0.161 | 0.393 | 0.682 | |
| Anzahl der Kinder | -0.367 | 0.716 | 0.608 | | -1.004 | 0.508 | 0.048 | ** |
| Interaktionsterm Kinder * Alter | 0.011 | 0.016 | 0.491 | | 0.025 | 0.011 | 0.024 | ** |
| Schulbildung | 0.483 | 0.206 | 0.019 | ** | 0.464 | 0.143 | 0.001 | *** |
| Persönliches Nettoeinkommen | 0.006 | 0.238 | 0.979 | | 0.066 | 0.186 | 0.722 | |
| Vermögen | 0.059 | 0.170 | 0.730 | | 0.082 | 0.142 | 0.564 | |
| Interaktionsterm Einkommen * Verheiratet | -0.035 | 0.135 | 0.794 | | -0.063 | 0.105 | 0.547 | |
| Spare ausreichend für Altersvorsorge | -0.859 | 0.280 | 0.002 | *** | -0.906 | 0.203 | 0.000 | *** |
| Beschäftigt sich ungern mit Fin.-Angelegenh. | 0.254 | 0.286 | 0.375 | | 0.392 | 0.200 | 0.049 | ** |
| Subjektives Wissen 4 Kategorien | 0.130 | 0.163 | 0.423 | | 0.209 | 0.120 | 0.083 | * |
| Objektives Wissen aus 6 Fragen, 3 Kat. | -0.104 | 0.206 | 0.614 | | -0.129 | 0.157 | 0.413 | |
| Keine Zeit für finanzielle Angelegenh. dummy | 0.356 | 0.287 | 0.215 | | 0.186 | 0.206 | 0.365 | |
| Schiebe finanzielle Entscheid. auf, dummy | 0.483 | 0.272 | 0.076 | * | 0.400 | 0.194 | 0.039 | ** |
| Plane sehr genau für Zukunft, 3 Kat. | 0.464 | 0.364 | 0.203 | | 0.688 | 0.262 | 0.009 | *** |
| Verbinde Alter mit Krankheit und Pflege | -0.478 | 0.255 | 0.060 | * | -0.399 | 0.179 | 0.026 | ** |
| Kein Geld zum sparen | -0.188 | 0.428 | 0.660 | | 0.289 | 0.296 | 0.328 | |
| _cons | -5.077 | 2.164 | 0.019 | | -3.228 | 1.423 | 0.023 | |
| | | | | | | | | |
| N | 479 | | | | 996 | | | |
| Pseudo R2 | 0.141 | | | | | | | |
| Prob>F | | | | | 0.000 | | | |

Quelle: Erste Telefonbefragung, Tabellarische Variablenbeschreibung siehe Anhang. Bei den Koeffizienten auf der Grundlage der imputierten Daten handelt es sich um Mittelwerte über alle 10 Imputationen.

Lenkt man die Gedanken wieder zurück auf das theoretische Modell, welches den Weg zur privaten Altersvorsorge beschreibt, so bestätigt sowohl die „complete cases" als auch die Analyse mit imputierten Daten, dass eine Planung davon abhängt, ob die bisherigen Ersparnisse reichen oder nicht. Dass der Geldmangel einen negativen Einfluss auf das Planungsverhalten hat, kann hingegen nicht bestätigt werden. Dieser nicht bestätigte Zusammenhang könnte auf die bereits beschriebene Unterschätzung des Geldmangels durch die verwendete Variable zurückzuführen sein. Der theoretische Zusammenhang von Alter und dem Planungsverhalten wird grundsätzlich bestätigt, sodass die Wahrscheinlichkeit des konkreten Planens mit dem Alter steigt und dann ab einem bestimmten Alter wieder sinkt.[23]Kinder haben den vermuteten negativen Effekt

---

[23] Im imputierten Datensatz steigt der p-Wert auf 0,168 und ist somit nicht mehr signifikant. Das Alter zum Quadrat behält hingegen auch im imputierten Datensatz seinen Einfluss auf das Planen.

auf die Altersvorsorgeplanung, welcher aber mit dem Alter der Eltern geringer wird. Der Schulabschluss hat in beiden Analysen einen signifikant positiven Effekt. Je höher der Bildungsabschluss, desto größer die Wahrscheinlichkeit der konkreten Planung. Der bereits theoretisch diskutierte Zusammenhang wird also bestätigt.

Personen, die sich gern mit finanziellen Angelegenheiten beschäftigen und ihr finanzielles und altersvorsorgespezifisches Wissen als gut einschätzen, befassen sich eher mit der Altersvorsorgeplanung als Personen, die sich ungern mit finanziellen Angelegenheiten beschäftigen und ihr Wissen diesbezüglich eher schlecht einschätzen. In einem gewissen Zusammenhang stehen die Variablen „beschäftige mich gern mit finanziellen Angelegenheiten" und das Aufschieben von finanziellen Entscheidungen, denn Personen, die sich ungern mit finanziellen Angelegenheiten beschäftigen, werden auch Altersvorsorgeentscheidungen eher vor sich her schieben als Personen, die sich gern mit finanziellen Angelegenheiten beschäftigen.

Deskriptiv und ungewichtet betrachtet, schieben 60% derjenigen finanzielle Entscheidungen vor sich her, die sich ungern mit finanziellen Angelegenheiten beschäftigen, und 25% von denen, die sich gern damit beschäftigen. Trotz dieses auch theoretisch begründeten Zusammenhangs beider Variablen wurden sie getrennt in das Modell mit aufgenommen, da jede der Variablen für sich einen signifikanten Einfluss auf das Planungsverhalten hat. Entfernt man eine der beiden Variablen aus dem Modell, hat das zur Folge, dass die im Modell verbleibende Variable nicht mehr signifikant ist. Stattdessen hat in diesem Fall das Geschlecht „Mann" einen positiven Effekt auf das Planungsverhalten, welches, wie bei der Variablenbeschreibung oben bereits diskutiert, die Eigenschaft sich gern mit finanziellen Angelegenheiten zu beschäftigen verkörpert. Zurück zum gewählten Modell, hat das Aufschieben einen signifikant positiven Einfluss auf das Planen. Dieser Effekt ist unerwartet, da davon ausgegangen wurde, dass Personen, die finanzielle Angelegenheiten aufschieben, im Folgenden auch „Aufschieber" genannt, auch die Altersvorsorgeplanung aufschieben. Es sollen nun kurz mögliche Erklärungen für den positiven Einfluss auf das Planen konkreter Maßnahmen zur Altersvorsorge aufgezeigt werden. Deskriptiv (ungewichtet) betrachtet, planen von den „Aufschiebern" 24% eine (weitere) Altersvorsorge, von den nicht „Aufschiebern" sind es nur 19%. Diese Zahl ist vermutlich geringer, weil Personen, die finanzielle Angelegenheiten eher nicht aufschieben, ihre Planung bereits in die Tat umgesetzt haben und sich damit nicht mehr in der Planungsphase befinden. Gehen wir etwas weiter und schauen, wie es mit der Umsetzung der Altersvorsorgeplanungen der „Aufschieber" aussieht. 52% der „Aufschieber" haben sich bei der ersten Telefonbefragung vorgenommen, innerhalb des kommenden Jahres eine (weitere) Altersvorsorge zu betreiben.

In die Tat umgesetzt haben dieses, ein Jahr nach der Befragung, nur 16%. Damit lässt sich vermuten, dass das Aufschieben einen positiven Effekt auf das Planen hat, weil zum einen diejenigen, die eher nicht aufschieben, ihre Planungen schon in die Tat umgesetzt haben, und zum anderen Personen, die finanzielle Angelegenheiten aufschieben, zwar planen, es dann aber an der Umsetzung scheitert.

Mit der Zustimmung zur Aussage „Ich plane sehr genau für die Zukunft" steigt die Wahrscheinlichkeit konkrete Planungen für die Altersvorsorge vorzunehmen. Diese Variable ist eine Approximation der Zeitpräferenz und bestätigt die Vermutung, dass Personen, die eher zukunftsorientiert sind, eher planen als gegenwartsorientierte Personen. Wobei bei einigen der bereits diskutierten Einflussfaktoren nur mit imputierten Daten die Signifikanz nachgewiesen werden konnte, folgt nun wieder eine Variable, die in beiden Analysen die Planungswahrscheinlichkeit beeinflusst. Hierbei handelt es sich um das Maß der Altersaversion, für welches die Individuen angeben mussten, inwieweit sie das „Alter" mit Krankheit und Pflegebedürftigkeit verbinden. Für Personen, welche das „Alter" mit Krankheit und Pflegebedürftigkeit verbinden, ist die Wahrscheinlichkeit der Altersvorsorgeplanung geringer als für Personen, die das Alter eher nicht mit Krankheit und Pflegebedürftigkeit verbinden. Dieses Ergebnis stützt die theoretischen Überlegungen im Kapitel zuvor.

Nun sollen die Variablen diskutiert werden, die laut des Modells keinen Einfluss auf die Planung einer (weiteren) Altersvorsorge haben. Hierzu gehört das Einkommen, bei welchem auch nach theoretischen Überlegungen nicht klar war, ob es das Planungsverhalten eher positiv oder negativ beeinflusst. Das empirische Modell bestätigt die theoretischen Überlegungen, da weder ein signifikant positiver noch ein negativer Zusammenhang von Einkommen und Planung gefunden wurde. Ähnlich ist es beim Vermögen. Zum einen hat jemand mit einem höheren Vermögen einen größeren Nutzen von einer besseren Anlagestrategie, zum anderen braucht jemand mit einem hohen Vermögen keine zusätzliche Altersvorsorge mehr aufzubauen, sodass hier die Wirkungsrichtung auch unklar ist und dieses durch die Analyse bestätigt wird. Das objektive Wissen zu Bereichen der Altersvorsorge ist ein Vorwissen, was die Planung erleichtert und somit einen positiven Einfluss haben sollte. Dieser Effekt wird jedoch nicht vom empirischen Modell bestätigt. Vermutlich ist es unzureichend, das objektive Wissen anhand von wenigen einzelnen Fragen aus den Bereichen der Altersvorsorge abzulesen. Als wichtiger (in diesem Modell) hat sich das subjektive Wissen rausgestellt, was weit über das Wissen, welches im Fragebogen abgefragt wurde, hinausgeht. Die letzte hier zu diskutierende Variable ist, keine Zeit für finanzielle Angelegenheiten zu haben. Es wurde angenommen, dass Personen, die angaben, keine Zeit zu haben, um sich mit finanziellen Angelegenheiten zu beschäftigen, eher keine konkreten Planungen für eine (weitere) Altersvorsorge vornehmen. Das Zeitkriterium hat jedoch laut der empirischen Analyse keinen Einfluss auf die Planung.

## 8.2.2   Was wird geplant?

Nachdem es im vorigen Kapitel vornehmlich um die Planung für die Altersvorsorge im Allgemeinen ging, geht es nun speziell um die zeitliche Umsetzung der Planungen und um die Produkte, in welche in Zukunft investiert werden soll. Betrachtet man die erste Telefonbefragung, so geben 22% (gewichtet) an, weitere konkrete Maßnahmen zur Altersvorsorge zu planen, bei den Teilnehmern an den Volkshochschulkursen sind es sogar 56%. Abbildung 8-3 zeigt den zeitlichen Planungshorizont derjenigen, die eine zusätzliche Altersvorsorge abschließen möchten. Über die Hälfte der betroffenen Kursteilnehmer nimmt sich nach dem Kurs vor, innerhalb der nächsten sechs Monate mit einer (weiteren) Altersvorsorge zu beginnen, während der Anteil bei den Telefonbefragten nur 17% beträgt. Die Mehrheit der Telefonbefragten möchte innerhalb eines Jahres mit der zusätzlichen Altersvorsorge beginnen oder vertagt die Entscheidung auf einen undefinierten Zeitpunkt in der Zukunft. Personen, die den Kurs besucht haben, schieben die Entscheidung seltener auf.

**Abbildung 8-3: Wann haben Sie vor mit der zusätzlichen Altersvorsorge zu beginnen?**

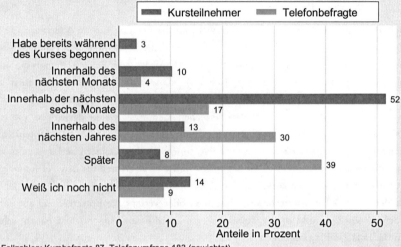

Falls Sie in Zukunft (weitere) zusätzliche Altersvorsorge planen, wann haben Sie vor mit dieser zu beginnen?

Fallzahlen: Kursbefragte 87, Telefonumfrage 183 (gewichtet)

Grafik: Eigene Berechnungen

Das geringere Aufschieben des Altersvorsorgesparens bei den Kursteilnehmern ist positiv zu bewerten und wahrscheinlich dadurch zu erklären, dass zum einen die im Kurs erhaltenen Informationen dazu beitragen, dass der nächste Schritt, nämlich der Abschluss eines Vertrages, mit geringeren Kosten[24] für den Einzelnen verbunden ist, als dies bei den Nichtteilnehmern, den Telefonbefragten, der Fall ist. Die Kursteilnehmer sind gut für Gespräche mit Banken und Versicherungen vorbereitet, sodass der letzte Schritt zur privaten Altersvorsorge nur noch geringer Anstrengungen bedarf. Zum anderen steigt durch den Kurs die Aufmerksamkeit für die eigene Altersvorsorge und, in Becker und Mulligans (1997a) Worten, das zukunftsorientierte Kapital. Dieses führt dazu, dass der privaten Altersvorsorge nach dem Kurs ein höherer Stellenwert beigemessen wird als vor dem Kurs, was wiederum im Vergleich zu den Telefonbefragten zu einer intendierten schnellen Umsetzung des Altersvorsorgesparens führt.

Den größten Unterschied zwischen den Kursteilnehmern und den Telefonbefragten bezüglich des geplanten Beginns gibt es bei den jungen Leuten, welche dreißig Jahre

---

[24] Zeitlichen sowie intellektuellen Kosten.

oder jünger sind. In dieser Altersgruppe geben 70% der Kursteilnehmer an, ihre Planungen innerhalb der nächsten sechs Monate umzusetzen, bei den Telefonbefragten planen dies nur 12%. Mehr als die Hälfte verschieben die Umsetzung auf einen späteren Zeitpunkt. Auch wenn hier aufgrund der deskriptiven Darstellungsweise nicht von einem kausalen Effekt von Kurs und zeitlicher Umsetzung gesprochen werden kann, ist doch zu vermuten, dass der Kurs in der Lage ist, junge Leute dazu zu motivieren, besonders früh mit der privaten Altersvorsorge zu beginnen.

Zum Abschluss der Planungssektion im Fragebogen wurden die Kursbesucher noch gefragt, in welche Wertanlagen sie in Zukunft zum Zwecke der Altersvorsorge weniger oder mehr investieren wollen. Abbildung 8-4 fasst die Ergebnisse zusammen. Insgesamt äußern die Kursteilnehmer, dass sie in allen Kategorien Änderungen vornehmen wollen, genauer möchten von den Kursteilnehmern in allen Kategorien außer Betriebsvermögen rund ein Viertel bis zu einem Drittel Änderungen in den genannten Anlageklassen vornehmen. Zum Beispiel geben ein Drittel bzw. ein Viertel der Teilnehmer an, dass sie weniger Geld auf ihrem Sparbuch bzw. Girokonto lassen möchten. In einen Bausparvertrag wollen 16% mehr investieren und 21% weniger, und in die Kapitallebensversicherung möchten ein Viertel der Kursbesucher weniger investieren. 45% der Besucher möchten nach dem Kurs mehr in die Riester-Rente investieren. Die Anlageformen, in welche ebenfalls viel investiert werden soll, sind die selbstgenutzte Immobilie mit (38%) und die festverzinslichen Wertpapiere (34%).[25] In diesen Kategorien sowie bei den Aktien gibt es je nach Einkommensgruppe große Unterschiede. So geben zum Beispiel nur 8% derjenigen mit Einkommen unter 1500 € an, dass sie mehr in Aktien oder festverzinsliche Wertpapiere investieren möchten. Ein Vergleich mit den Telefonbefragten wird nicht vorgenommen, da zu wenige angegeben haben, mehr oder weniger in ein bestimmtes Produkt investieren zu wollen. Die geringe Absicht der Telefonbefragten, ihr Sparverhalten zu ändern, ist womöglich darauf zurückzuführen, dass der Befragung kein Ereignis, wie zum Beispiel der Kurs „Altersvorsorge macht Schule", vorherging, welches das Sparverhalten derartig beeinflussen hätte können.

---

[25] Diese Veränderungen des Sparverhaltes können zum Teil auch die zeitbezogenen Einschätzung der Finanzmärkte reflektieren (Finanzkrise).

**Abbildung 8-4: In welche Produkte haben Sie vor in Zukunft zu investieren?**

In welche der folgenden Wertanlagen haben Sie vor, in Zukunft zum Zwecke der Altersvorsorge (vermehrt) zu investieren beziehungsweise eher weniger zu investieren und bei welchen Wertanlagen ändert sich nichts?

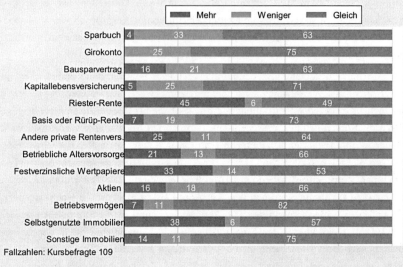

Fallzahlen: Kursbefragte 109

Grafik: Eigene Berechnungen

Betrachtet man nun wieder alle Teilnehmer der Telefonbefragung, so geben 26% an, weitere konkrete Maßnahmen zur Altersvorsorge zu planen. Auf die Frage, wann sie denn mit der (weiteren) Altersvorsorge beginnen möchten, gaben 4% an, schon im nächsten Monat damit beginnen zu wollen, 17% in den folgenden sechs Monaten und 30% innerhalb des nächsten Jahres. Eine große Anzahl der Befragten, nämlich 39%, möchte noch später mit der Altersvorsorge beginnen und 9% sind noch unentschlossen (Abbildung 8-3).

Was die Befragungsteilnehmer im Jahr nach der ersten Befragung in Sachen Altersvorsorge tatsächlich unternommen haben, wird im Folgenden die Auswertung der Nachbefragung zeigen.

### 8.2.3 Planungen und Realität: Die Nachbefragung

Der folgende Abschnitt beschreibt, was die Befragten innerhalb des Jahres zwischen den beiden Befragungen in Sachen Altersvorsorge unternommen haben. Stellt man einen Bezug zu Abbildung 2-1 her, so kann man sagen, dass im Folgenden die Schritte 5 bis 7 angesprochen werden. Die Befragten machen konkrete Planungen und vergleichen Produkte, indem sie sich bei verschiedenen Stellen informieren. Danach beginnen sie womöglich das Sparen in einem neuen Altersvorsorgeprodukt oder ändern ihre Sparraten in bereits bestehenden Verträgen.

### 8.2.3.1   Telefonstichprobe

In der ersten Welle, welche bis hier her analysiert wurde, konnten 1016 Telefoninterviews realisiert werden. Von diesen nahmen an der Befragung der zweiten Welle, welche ein Jahr später ins Feld ging, 565 Personen teil. Auch in dieser Befragung wurden die Teilnehmer zu Themen der Altersvorsorge befragt. Die Frage, ob sie sich seit der letzten Befragung über Finanzangelegenheiten und Altersvorsorge informiert haben, beantworteten 25% mit Ja. Von diesen Personen haben sich die meisten, nämlich ca. 71% bei Banken, Sparkassen oder Versicherungen informiert. Zudem nutzten 34% das Internet als Informationsquelle. Finanzberater wurden mit 22% genauso häufig frequentiert wie Freunde und Verwandte. Weitere Informationsquellen, die von mehr als 5% der Befragten genutzt wurden, waren Kollegen, die Deutsche Rentenversicherung, Seminare und Kurse und die Stiftung Warentest. Darüber hinaus haben sich 18% der Befragten mindestens ein Angebot für die Altersvorsorge machen lassen. Tatsächlich verändert haben ihr Sparverhalten in dem Jahr, welches seit der ersten Befragung vergangen ist, 8% der Befragten indem sie ein (zusätzliches) Altersvorsorgeprodukt erworben und 28%, indem sie mehr in einem vorhandenen Vertrag sparen.

Mit Hilfe dieser Daten ist es nun auch möglich zu überprüfen, ob diejenigen, die eine weitere Altersvorsorge geplant hatten, dieses auch in die Tat umgesetzt haben. Eine Analyse der Fragebögen ergibt, dass 40% von denen, die angaben, innerhalb des kommenden Jahres weitere konkrete Maßnahmen zur Altersvorsorge zu planen, dieses innerhalb eines Jahres in die Tat umgesetzt haben (Abbildung 8-5). Dabei ist es unerheblich, ob jemand einen neuen Vertrag abgeschlossen hat oder ob er mehr in einem bereits vorhandenen Vertrag spart. Selbst von denjenigen, die keine weitere Altersvorsorge geplant hatten, sparen nun 31% mehr für ihre Altersvorsorge.

**Abbildung 8-5: Veränderung des Altersvorsorgesparens innerhalb eines Jahres**

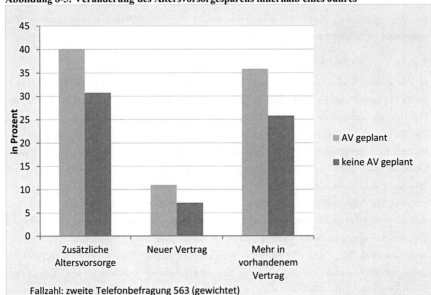

Fallzahl: zweite Telefonbefragung 563 (gewichtet)

Grafik: Eigene Berechnungen, die „Zusätzliche Altersvorsorge", schließt sowohl den Abschluss eines „neuen Vertrages" als noch das zusätzliche Sparen in einem „vorhandenen Vertrag" ein.

Die häufigsten Gründe, warum im letzten Jahr keine zusätzliche Altersvorsorge begonnen wurde, war bei 35%, dass bereits ausreichend vorgesorgt wurde, und bei 27% der Befragten der Geldmangel. Die häufigsten Begründungen derjenigen, die den Beginn zusätzlicher Altersvorsorge im vergangen Jahr geplant hatten, sind ebenfalls mit 32%, „kein Geld für zusätzliche Altersvorsorge", und 16%, „schon ausreichend vorgesorgt". Wobei letztere Begründung bedeuten würde, dass diese Personen im letzten Jahr eine zusätzliche Altersvorsorge planten und dann im darauffolgenden Jahr festgestellt haben, dass ihre bisherige Altersvorsorge doch ausreichend ist. Wieder auf die gesamte Stichprobe bezogen, wurde keine Zeit zu haben oder kein geeignetes Angebot gefunden zu haben von lediglich von 5% bzw. 4% als Grund angegeben. Dass die Entscheidung zu kompliziert sei, war sogar nur für 2% der Befragten der Grund keine weitere Altersvorsorge zu betreiben. In der offenen Antwortkategorie gaben 2% an, schon zu alt zu sein. Einige wenige (unter 2%) gaben als Gründe dafür an, im letzten Jahr keine zusätzliche Altersvorsorge vorgenommen zu haben: weder Interesse noch genug Zeit, Unsicherheit der Werthaltigkeit und wirtschaftlichen Lage, kein Vertrauen in die Programme und gesundheitliche Gründe, es ist noch viel Zeit um mit der Altersvorsorge zu beginnen.

Da hier der Anteil derer, die kein Geld haben sehr groß ist, ist es angebracht dieses Ergebnis etwas näher zu betrachten. Bei den Kursteilnehmern konnte in erster Linie festgestellt werden, dass sich das Einkommen derer, die Angaben kein Geld zu haben nicht signifikant von dem der übrigen Befragten unterscheidet (siehe 8.2.1.). Bei der Telefonbefragung handelt es sich im Gegensatz zur Teilnehmerbefragung um eine weniger selektive Gruppe zudem ist die Stichprobe größer. Mit der Hilfe einer logistischen Regression sollen im Folgenden bestimmt werden, welche persönlichen Merkmale die Wahrscheinlichkeit „kein Geld für die Altersvorsorge" zu haben beeinflussen.

Tabelle 8-4 zeigt, dass Personen, die ein monatliches Haushaltsnettoeinkommen von mehr als 4.000€ erzielen signifikant seltener angaben nicht zusätzlich für das Alter vorzusorgen als Individuen mit einem monatlichen Einkommen welches geringer ist als 2.500€. Zudem hat die Erwartungen bezüglich der zukünftigen wirtschaftlichen Situation einen signifikanten Einfluss auf die Wahrscheinlichkeit kein Geld für die zusätzliche Altersvorsorge zu haben. Diejenigen, die ihre zukünftige persönliche wirtschaftliche Situation als eher negativ Beurteilen, geben häufiger an, kein Geld für die Altersvorsorge zu haben. Die finanzielle Ausstattung der Befragten spielt somit, trotz der staatlich geförderten „Riester-Rente" mit geringen Eigenbeiträgen von 5€ im Monat, eine bedeutende Rolle bei der Beurteilung, ob das Geld für die zusätzliche Altersvorsorge reicht oder nicht. Ob jemand bereits ausreichend für das Alter vorgesorgt oder nicht, hat dagegen keinen Einfluss auf die Wahrscheinlichkeit kein Geld für die Altersvorsorge zu haben.

Im Gegensatz zu den befragten Kursteilnehmern, bei welchen kein signifikanter Unterschied zwischen den Einkommen derjenigen gefunden wurde, die angaben kein Geld zu haben und derjenigen die dieses nicht angaben, spielt das Einkommen für die Telefonbefragten eine entscheidende Rolle. Eine Erklärung für diese Beobachtung könnte Unwissenheit sein. So ist es möglich, dass die Telefonbefragten schlechter über die Möglichkeiten der privaten Altersvorsorge aufgeklärt sind als die Personen, die an dem Kurs „Altersvorsorge macht Schule" teilgenommen haben. Ihnen ist möglicherweise nicht bewusst, dass es durch den Zinseszinseffekt und der staatlichen Förderung möglich ist, bereits mit geringen monatlichen Beiträgen ein beachtliches Altersvermögen aufzubauen. Diese Beobachtung deutet an, dass das im Kurs vermittelte Wissen dazu beitragen kann, dass auch Personen mit geringen Einkommen mit der privaten Altersvorsorge beginnen.

**Tabelle 8-4: Warum steht kein Geld für die private Altersvorsorge zur Verfügung?**

| Kein Geld für zusätzlich Altersvorsorge | coef. | s.e. | p>\|z\| | |
|---|---|---|---|---|
| Mann | -0,359 | 0,252 | 0,155 | |
| Alter | -0,010 | 0,017 | 0,543 | |
| Verheiratet | -0,130 | 0,283 | 0,647 | |
| Anzahl der Kinder | 0,543 | 0,516 | 0,293 | |
| Interaktionsterm Kinder * Alter | -0,011 | 0,011 | 0,335 | |
| Geringe Schulbildung | Referenz | | | |
| Mittlere Schulbildung | -0,190 | 0,378 | 0,615 | |
| Hohe Schulbildung | -0,264 | 0,365 | 0,468 | |
| Niedriges Einkommen bis 2.499€ | Referenz | | | |
| Mittleres Einkommen 2.500€-3.999€ | -0,210 | 0,296 | 0,478 | |
| Hohes Einkommen 4.000€ und mehr | -0,839 | 0,388 | 0,031 | ** |
| Niedriges Vermögen bis 19.999€ | Referenz | | | |
| Mittleres Vermögen 20.000€-39.999€ | -0,239 | 0,313 | 0,445 | |
| Hohes Vermögen 40.000€ und mehr | -0,527 | 0,329 | 0,109 | |
| Geringes subjektives Wissen | Referenz | | | |
| Mittleres subjektives Wissen | 0,020 | 0,264 | 0,939 | |
| Hohes subjektives Wissen | -0,345 | 0,328 | 0,292 | |
| Geringes objektives Wissen | Referenz | | | |
| Mittleres objektives Wissen | 0,042 | 0,276 | 0,879 | |
| Hohes objektives Wissen | 0,176 | 0,322 | 0,585 | |
| Plane sehr genau für die Zukunft (0 nein bis 10 ja) | -0,104 | 0,042 | 0,014 | ** |
| Zukünftige wirtschaftliche Situation (0 negativ bis 10 positiv) | -0,528 | 0,181 | 0,004 | *** |
| Wohnt in neuen Bundesländern | 0,410 | 0,294 | 0,164 | |
| Bisherige Ersparnisse reichen für Altersvorsorge | -0,444 | 0,265 | 0,094 | * |
| _cons | 2,122 | 1,014 | 0,036 | |
| Prob >F | 0 | | | |
| N | 560 | | | |

Quelle: 1. und 2. Telefonbefragung, p<0,01 ***, p<0,05 **, p<0,1 *;

Neben der monetären Situation der Individuen spielen jedoch auch die persönlichen Präferenzen eine Rolle. Die Wahrscheinlichkeit kein Geld für die persönliche Altersvorsorge zu haben sinkt zum Beispiel für Personen die angaben sehr genau für die Zukunft zu planen. Personen denen die genau für die Zukunft planen ist die Zukunft besonders wichtig. Sie diskontieren den Konsum in der Zukunft also weniger als jemand, der eher gegenwartsorientiert ist und daher wenig oder gar nicht für die Zukunft plant. Aus diesen Präferenzen heraus ergibt sich, dass Gegenwartspräferenten ihr Einkommen lieber heute ausgeben, als es zu sparen. Die Wahrscheinlichkeit für diese Leute kein Geld für die Altersvorsorge zu haben steigt also unabhängig vom Einkommen.

Auf die Frage hin, welche Verträge seit der letzten Befragung neu abgeschlossen wurden, liegen der Bausparvertrag und die „Riester-Rente" vorn. Diese wurden jeweils von knapp 5% der Befragten im letzten Jahr neu abgeschlossen.[26] Danach folgte die Kapitallebensversicherung (3,3%), das Girokonto (3,19%), die selbstgenutzte Immobilie (2,9%) und die betriebliche Altersvorsorge (2,5%). Die Anlässe, das Sparverhalten zu verändern, waren vielfältig, die am meisten genannten Gründe waren die folgenden: Gespräche mit Finanzberatern der Versicherungen und Banken sowie Gespräche mit Bekannten und Verwandten. Zudem Veränderungen, die dazu führten, dass dem Befragten weniger bzw. mehr Geld zur Verfügung steht. Zu solchen Veränderungen zählen zum Beispiel Lohnerhöhungen, Sonderzahlungen, Erbschaften, Arbeitgeberwechsel, Ausbildung der Kinder oder auch Pflegebedürftigkeit. Weiterhin haben einige ihr Sparverhalten aufgrund des bevorstehenden Immobilienerwerbs oder der Unsicherheit in Verbindung mit der Finanzkrise verändert.

Um festzustellen, ob möglicherweise andere Ausgaben zurückgefahren werden und um welche es sich handelt, wurde diese Frage mit in die Befragung der Telefonstichprobe aufgenommen. Von allen Personen, die angaben, privat vorzusorgen, gaben 18% an, dafür in anderen Bereichen Einsparungen vorzunehmen. Abbildung 8-6 zeigt, dass größtenteils beim täglichen Konsum gespart wird, um Beiträge für eine private Altersvorsorge zu entrichten. Weiterhin sparen ca. 40% bei größeren Anschaffungen und 18% bei Rücklagen für unvorhergesehene Ereignisse. Zudem sparen einige der Befragten bei Urlaub und Freizeitgestaltung. Ob es sinnvoll ist, derartige Einsparungen vorzunehmen, um sich Zahlungen für die Altersvorsorge leisten zu können, lässt sich anhand der Daten schwer beurteilen. Bei allen Einsparungen muss daran gedacht werden, dass man nicht auf Kosten der Gesundheit oder möglicher Schulden spart. So könnten sich zum Bespiel Einsparungen bei gesundem Essen oder körperlicher Erholung negativ auf die Gesundheit und die zukünftige Leistungsfähigkeit auswirken. Dieses wiederum kann sich negativ auf die Lebenserwartung und die Einkommensentwicklung auswirken, weiterhin könnte eine verminderte Leistungsfähigkeit zur Arbeitslosigkeit führen. Fährt man zudem die Rücklagen für unvorhergesehene Ereignisse, wie zum Beispiel die plötzliche Reparatur des Autos, herunter, steigt die Wahrscheinlichkeit, einen Kredit aufnehmen zu müssen. Da Kreditzinsen in der Regel höher sind als Renditen, welche man durch eine private Altersvorsorge erzielen kann, sollte man das Risiko einer Verschuldung so klein wie möglich halten.

---

[26] Bei dieser Frage handelt es sich um Neuabschlüsse im Allgemeinen und nicht nur zum Zwecke der Altersvorsorge.

**Abbildung 8-6: Einsparungen machen um sich ein Altersvorsorgeprodukt leisten zu können**

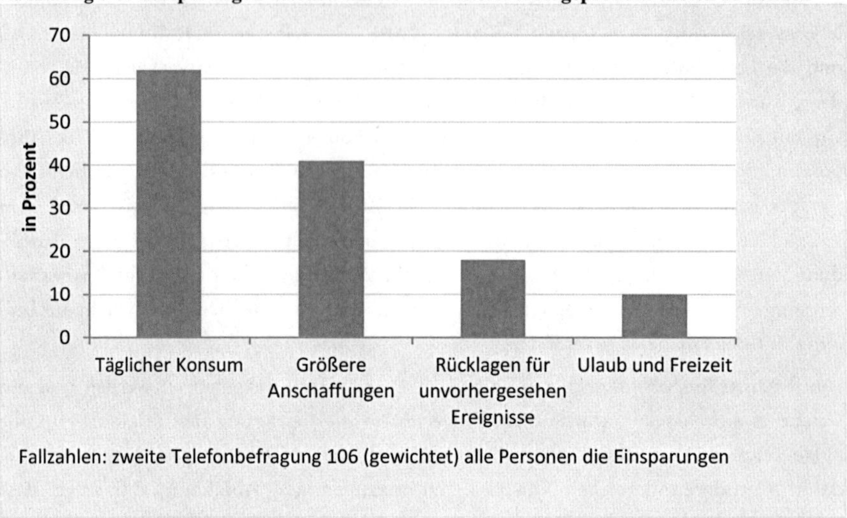

Fallzahlen: zweite Telefonbefragung 106 (gewichtet) alle Personen die Einsparungen

Grafik: Eigene Berechnungen

Es zeigt sich bei den Telefonbefragten, dass nur wenige ihre Planungen innerhalb eines Jahres in die Tat umgesetzt haben. Im Folgenden soll dieses Ergebnis mit dem der Kursteilnehmer verglichen werden. Haben hier mehr Personen ihre Planungen innerhalb eines Jahres nach Kursende in die Tat umgesetzt?

## 8.2.3.2 Teilnehmerbefragung

Von 130 Personen, welche vor dem Kurs den ersten Fragebogen ausfüllten, haben nur 58 Personen den Nachbefragungsbogen beantwortet, welcher ein Jahr nach dem Kurs versandt wurde. Dieser Fragebogen soll Aufschluss darüber geben, ob die Planungen der Kursteilnehmer bezüglich der Altersvorsorge in die Tat umgesetzt wurden. Die Frage, ob sie sich seit der letzten Befragung über Finanzangelegenheiten und Altersvorsorge informiert haben, beantworteten 71% mit Ja. Von diesen Personen haben sich die meisten, nämlich ca. 36%, über das Internet informiert. Dann folgten Stiftung Warentest (28%), Banken, Sparkassen oder Versicherungen (26%) und die Deutsche Rentenversicherung (22%). Im Freundes- und Verwandtenkreis haben sich ebenfalls 21% der Befragungsteilnehmer über die Altersvorsorge informiert.

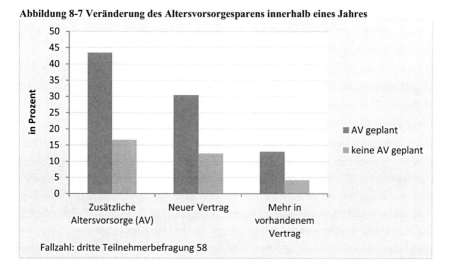

Abbildung 8-7 Veränderung des Altersvorsorgesparens innerhalb eines Jahres

Fallzahl: dritte Teilnehmerbefragung 58

Grafik: Eigene Berechnungen

Darüber hinaus haben 47% weitere Schritte im Hinblick auf eine zusätzliche Altersvorsorge unternommen. 25% der Befragten haben sich mindestens ein Angebot für die Altersvorsorge machen lassen. Tatsächlich verändert haben ihr Sparverhalten in dem Jahr, welches seit der ersten Befragung vergangen ist, 21% der Befragten, indem sie ein (zusätzliches) Altersvorsorgeprodukt erworben haben und 16%, indem sie mehr in einem vorhandenen Vertrag sparen. Mit Hilfe dieser Daten ist es nun auch möglich zu überprüfen, ob diejenigen, die eine weitere Altersvorsorge geplant hatten, diese auch in die Tat umgesetzt haben. Eine Analyse der Fragebögen ergibt, dass 43% von denen, die angaben weitere konkrete Maßnahmen innerhalb des kommenden Jahres zu planen, diese innerhalb eines Jahres in die Tat umgesetzt haben (Abbildung 8-7). Dabei ist es unerheblich, ob jemand einen neuen Vertrag abgeschlossen hat oder ob er mehr in einem bereits vorhandenen Vertrag spart. Selbst von denjenigen, die keine weitere Altersvorsorge geplant hatten, sparen nun 17% mehr für ihre Altersvorsorge.

Der häufigste Grund, warum im letzten Jahr keine zusätzliche Altersvorsorge begonnen wurde, war bei 47%, dass kein Geld für eine zusätzliche Altersvorsorge übrig war. Weitere 27% gaben an, bereits ausreichend vorgesorgt zu haben und 20% hatten keine Zeit. Die häufigsten Begründungen derjenigen, die den Beginn zusätzlicher Altersvorsorge im vergangen Jahr geplant hatten, ist mit 56%, dass sie keine Zeit hatten. Auf die Frage hin, welche Verträge seit der letzten Befragung neu abgeschlossen wurden, liegen mit jeweils 5 Personen, die diese Verträge gewählt haben, der Bausparvertrag, die

„Riester-Rente", die betriebliche Altersvorsorge, die festverzinslichen Wertpapiere und die Aktien vorn.[27] Die Anlässe das Sparverhalten zu verändern waren vielfältig, den größten Einfluss hatte aber mit Abstand der Kurs „Altersvorsorge macht Schule". Diesen gaben 22 von 56 Personen als Anlass an, ihr Sparverhalten zu ändern. Für 11 Personen gab die Finanzkrise den Anlass und für jeweils acht Personen Zeitschriftenartikel und Gespräche mit Freunden oder Verwandten.

Da der Geldmangel beim Sparen für die Altersvorsorge eine große Rolle zu spielen scheint, soll nun festgestellt werden, ob diejenigen, die für das Alter sparen, ihre Ausgaben in anderen Lebensbereichen kürzen mussten, um sich die Altersvorsorge leisten zu können. Von allen Personen, die angaben, privat vorzusorgen, gaben 11 Personen (20%) an, dafür in anderen Bereichen Einsparungen vorzunehmen. Acht Personen gaben an, beim täglichen Konsum zu sparen, fünf Personen sparten bei größeren Anschaffungen und drei Personen legten weniger Geld für unvorhergesehene Ereignisse zurück. Wie sinnvoll es ist, in anderen Bereichen zugunsten der Altersvorsorge Einsparungen vorzunehmen, wurde bereits im Rahmen der Auswertung der Telefonbefragung diskutiert (Kapitel 8.2.3.1).

## 8.3 Diskussion

Insgesamt kann festgestellt werden, dass insbesondere bei den Telefonbefragten die staatlich geförderte Altersvorsorge besonders beliebt ist. Von ihnen besitzen 70% ein solches Produkt, von den Kursbesuchern besitzt nur jeder zweite ein staatlich gefördertes Altersvorsorgeprodukt. Wahrscheinlich haben sich gerade deshalb viele für einen Kursbesuch entschieden. Der Volkshochschulkurs stellt Informationen zur staatlichen Förderung von der Altersvorsorge bereit und unterstützt die Teilnehmer damit in ihrer Entscheidungsfindung. Zudem wird im folgenden Kapitel (9.2) gezeigt, dass die Telefonbefragten sich im Durchschnitt lieber mit finanziellen Angelegenheiten beschäftigen als die Kursteilnehmer. Auch dieses kann dazu führen, dass die Telefonbefragten häufiger ein Altersvorsorgeprodukt besitzen als die Kursteilnehmer.

Weiterhin wurde in diesem Kapitel das Planen konkreter Maßnahmen zur Altersvorsorge untersucht. Es wurde festgestellt, dass die Tendenz zum Aufschieben finanzieller Entscheidungen einen überraschend positiven Effekt auf das Planen konkreter Maßnahmen zur Altersvorsorge hat. Begründet wurde dieses Ergebnis damit, dass Personen, die finanzielle Entscheidungen gerne aufschieben, nicht an der Planung, sondern vielmehr an der Umsetzung der Planung scheitern. Der theoretische Zusammenhang zwi-

---

[27] Da die Stichprobe hier so gering ist, 58 Personen, wurde hier auf die prozentuale Darstellung verzichtet.

schen dem Planungsverhalten und vieler anderer Einflussfaktoren wurde durch das Modell bestätigt. So sind Personen mit einem hohen Schulabschluss eher unter den Planern als Personen mit niedrigem Schulabschluss. Soweit man ein mögliches Endogenitätsproblem ignoriert, hätte zudem das subjektive Wissen einen ebenso positiven, wenn auch nur halb so starken Einfluss auf das Planen wie die Schulbildung. Ein Endogenitätsproblem liegt dann vor, wenn die Richtung der Kausalität nicht abschließend geklärt werden kann. In vorliegenden Fall ist es nicht möglich zu bestimmen, ob ein gutes subjektives Wissen zum Planen führt oder ob nicht das Planen an sich dazu geführt hat, dass man sich jetzt besser auskennt und somit sein Wissen als besonders gut einstuft. Betrachtet man hierzu noch einmal das Schaubild „Der Weg zur privaten Altersvorsorge" (Abbildung 2-1), so findet die konkrete Planung erst in Schritt 5 statt. Zuvor war es bereits notwendig sich eine Reihe von Informationen zu beschaffen, um festzustellen, ob man im Alter mit einer Rentenlücke zu rechnen hat und ob die bisherigen Ersparnisse ausreichen, um diese Lücke zu schließen.

In dieser Vorstufe zu den konkreten Planungen ist das subjektive Wissen der Befragten bereits angestiegen, bei den einen mehr, bei den anderen weniger, je nachdem, wie ausführlich die Informationsbeschaffung ausgefallen ist. Entscheidet sich die Person im Anschluss dafür, dass einen zusätzliche Altersvorsorge nötig ist, wird im Zuge der Planung des richtigen Produktes zur Altersvorsorge das subjektive Wissen ebenfalls beeinflusst. Da die meisten Befragten angaben, mit der zusätzlichen Altersvorsorge erst innerhalb des nächsten Jahres oder später beginnen zu wollen, kann davon ausgegangen werden, dass die Informationsbeschaffung im Zuge der Planung zum Zeitpunkt der Befragung noch nicht begonnen hat (Abbildung 8-3). Damit kann geschlussfolgert werden, dass ein Großteil des Effekts der subjektiven Planung auf dessen Einfluss auf das Planungsverhalten zurückzuführen ist, wenn auch der umgekehrte Effekt nicht komplett ausgeschlossen werden kann. Hier wäre auch ein Punkt, an dem der Volkshochschulkurs ansetzt. Wie in Kapitel 7.1 gezeigt, trägt der Kurs zu einer signifikanten Verbesserung des subjektiven Wissens der Teilnehmer bei. Demnach wäre der Kurs in der Lage, die Planungstätigkeiten zu erhöhen. In den folgenden drei Kapiteln (9, 10 und 11) wird es darum gehen, das gerade diskutierte Kausalitäts- bzw. Endogenitätsproblem mithilfe eines Matchingverfahrens zu lösen.

Bei der zeitlichen Planung der Altersvorsorge gab es große Unterschiede zwischen den Kursteilnehmern und den Telefonbefragten. Während die meisten Telefonbefragten sich mit der Umsetzung mehr als ein Jahr Zeit lassen wollen, wird die Umsetzung bei den Kursteilnehmern bereits innerhalb der nächsten sechs Monate geplant. Es ist sehr wahrscheinlich, dass der Kursbesuch dazu beigetragen hat, dass die meisten Teilnehmer ihre Planungen nun zügig in die Tat umsetzen möchten. Den Planungen zur Folge haben sich viele entschieden in Zukunft vermehrt in die Riester-Rente, selbstgenutzte Immobilien oder festverzinsliche Wertpapiere zu investieren.

Nach den Planungen ist es entscheidend, diese auch in die Tat umzusetzen, da mit Planungen allein die Einkommensziele im Alter nicht erreicht werden können. Zwar hat ein größerer Anteil der Kursteilnehmer eine zusätzliche Altersvorsorge geplant, als es bei den Telefonbefragten der Fall war, bei der Umsetzung der Planungen unterscheiden sich die Gruppen aber kaum. So setzten bei den Telefonbefragten 37% ihre Planungen innerhalb eines Jahres in die Tat um und bei den Teilnehmern des Volkshochschulkurses waren es 43%. Als Begründung, warum das Sparverhalten verändert wurde, wurde von den Kursteilnehmern mit Abstand am häufigsten der Kurs genannt. Als Begründungen, warum keine zusätzliche Altersvorsorge betrieben wird, wurde, sowohl von den Kursteilnehmern als auch den Telefonbefragten, am häufigsten angegeben, dass kein Geld für die Altersvorsorge übrig sei. Kein Geld für die Altersvorsorge zu haben scheint hier also ein Hindernis zur privaten Altersvorsorge zu sein.

Tatsächlich konnte bei den Telefonbefragten ein signifikanter Zusammenhang zwischen dem Haushaltsnettoeinkommen und der Wahrscheinlichkeit kein Geld zu haben beobachtet werden, während bei den Kursteilnehmern kein signifikanter Unterschied zwischen dem Einkommen derjenigen festgestellt werden, die angaben, kein Geld zu haben, und denjenigen, die dieses nicht angaben. Daraus folgt, dass zum einen das im Kurs vermittelte Wissen dazu beigetragen haben könnte, dass Personen mit niedrigem Einkommen dieses niedrige Einkommen nicht mehr als Hindernis zur privaten Altersvorsorge sehen und zum anderen, dass das Einkommen allein den Mangel an finanziellen Mitteln zur Altersvorsorge nicht erklären kann. Hier scheinen auch andere Faktoren, wie zum Beispiel die Präferenzstruktur und das damit verbundene Ausgabenmuster eine Rolle zu spielen.

Unter denen, die bereits privat für ihr Alter vorsorgen, gibt es viele (ca. 19% in Telefon- und VHS-Befragung), die in anderen Lebensbereichen Einsparungen vornehmen, um sich die Altersvorsorge leisten zu können. Am häufigsten werden Einsparungen beim täglichen Konsum, gefolgt von größeren Anschaffungen, vorgenommen. Hier könnte es hilfreich sein, den betroffenen Personen, welche keine Möglichkeitsehen, etwas für das Alter zu sparen, Möglichkeiten aufzuzeigen, wie in anderen Bereichen sinnvoll Einsparungen vorgenommen werden können. Diese Aufgaben können von verschiedenen Akteuren wahrgenommen werden. Dazu zählen zum Beispiel die Verbraucherzentralen, unabhängige Schuldner- oder Finanzberater, aber auch Energieberater. Natürlich gibt es, wie in Kapitel 8.2.3.1 bereits erwähnt, auch wichtigere Sparziele als die Altersvorsorge, sodass Einsparungen zugunsten der Altersvorsorge nicht zwangsläufig sinnvoll sind. Insgesamt wurde hier das Ergebnis, dass Planungen häufig nicht in die Tat umgesetzt werden, bestätigt (Frommert 2008, Clark et al. 2006).

# 9 Ermittlung von Kurseffekten mithilfe eines Propensity Score Matchings

## 9.1 Methodendiskussion

Um die Wirkung eines Einflusses auf die Kursteilnehmer abschätzen zu können, reicht es nicht aus, das Verhalten der Kursteilnehmer nach dem Kurs mit dem Verhalten einer Kontrollgruppe zu vergleichen, da die Kursteilnehmer sich aufgrund von Selbstselektionseffekten von der Kontrollgruppe in vielen, das Resultat beeinflussenden, Eigenschaften von der Kontrollgruppe unterscheiden können. Das heißt, dass sich die Teilnehmer von den Nicht-Teilnehmern systematisch unterscheiden können. Derartige Unterschiede wirken sich auf die Wahrscheinlichkeit, nach dem Kursbesuch die Vorsorgeleistung zu verändern, aus. Zum Beispiel könnten Kursbesucher schon vor dem Kurs die Entscheidung getroffen haben, einen Riester-Vertrag abzuschließen. Dann sind der Kurs und die damit verbundenen Inhalte nicht mehr die Ursache für die Anpassung der eigenen Altersvorsorge. Die Messung des kausalen Effekts beschäftigt sich also mit der Schätzung des Teils der Differenz zweier Resultate (Kauf unter Teilnahme und nicht-Teilnahme), welcher alleine auf die Ursache, hier des Kurses zur Altersvorsorge, zurückzuführen ist (Guo und Fraser 2010).

Um den kausalen Effekt zu bestimmen, muss also nach dem Ausgang gefragt werden, den eine Zuordnung (Teilnahme/Nicht-Teilnahme) auf jemanden gehabt hätte, der tatsächlich eine andere Zuordnung erhalten hat (Rosenbaum und Rubin 1983). Gesucht wird also der Unterschied zum Beispiel zweier Mittelwerte, wobei nur einer der beiden beobachtet wurde: $x_{i,T} - x_{i,NT}$, wobei $x_{i,T}$ der Effekt auf eine Beobachtung bei Teilnahme ist und $x_{i,NT}$ der Effekt, falls keine Teilnahme vorliegt. In randomisierten Studien kann der mittlere Kausaleffekt der Teilnahme direkt durch Subtraktion der beiden Mittelwerte der Teilnehmer- und Kontrollgruppe berechnet werden. Der Grund ist, dass bei zufallsgesteuerter Zuordnung zur Kursteilnahme die beiden Gruppen sich im Mittel in den Eigenschaften, welche die Wirkung des Kurses beeinflussen, nur zufällig unterscheiden. Bei Beobachtungsstudien unterscheiden sich die Teilnehmer jedoch systematisch von den Nicht-Teilnehmern und ein einfacher Vergleich beider Gruppenwerte erzielt verzerrte Ergebnisse.

Die Grundidee des sogenannten Matchings ist es nun, aus der Gruppe der Nicht-Teilnehmer solche auszuwählen, welche ähnliche Eigenschaften wie die Teilnehmer vor Kursbeginn aufweisen. Diese Beobachtungen liefern dann das unbeobachtete Konterfactual. Dadurch können die Selektionseffekte ausgeschlossen werden, da sich aufgrund der gleichen Eigenschaften der ausgewählten nicht-Teilnehmer beide Gruppen, wie bei randomisierter Kurszuordnung, nur zufällig voneinander unterscheiden. Das Matching findet also für jeden Teilnehmer eine Beobachtung aus Telefonstichprobe und es entsteht ein Kontrollsample, welches der Teilnehmergruppe möglichst ähnlich ist.

Die Ähnlichkeit muss für Merkmale vorliegen, welche Auswirkung auf die Kurszuordnung oder auf die Kurswirkung haben. Diese Merkmale werden im Folgenden konfundierende Variablen oder Kovariate genannt. Damit der Schätzer für den Kurseffekt unverzerrt ist, muss die Kurszuordnung konditional auf die noch zu ermittelnden Kovariaten zufällig sein (Rosenbaum und Rubin 1983). Damit ist die Entscheidung, den Kurs zu besuchen, in Abhängigkeit der Kovariaten zufällig (Abadie et al. 2004) und es liegen keine Zuordnungseinflüsse auf die Kurswirkung mehr vor. Jedoch ist es schon bei einer kleinen Anzahl mehrdimensionaler Merkmale auch in großen Stichproben unmöglich, für jede Merkmalskombination der Teilnehmer einen geeigneten Nicht-Teilnehmer zu finden.

Dieses Problem lösen Rosenbaum und Rubin (1984) durch Verwendung des sogenannten Propensity Scores, welcher die Informationen, die benötigt werden, um die Kovariaten auszubalancieren, zusammenfasst. Durch Matching entlang des Propensity Scores wird dann eine Balance in den Kovariaten erzielt. Die nächsten Abschnitte beschäftigen sich mit der Ermittlung geeigneter konfundierender Variablen und der Überprüfung der Balance in den Kovariaten für mehrere Matching-Methoden.

## 9.2 Ermitteln geeigneter konfundierender Variablen

Damit die Annahme der Unkonfundiertheit erfüllt ist, müssen einerseits alle Variablen, die Auswirkungen auf die Zuordnung zum Kurs haben, andererseits all jene, welche die Wirkung des Kurses beeinflussen, im Model zur Berechnung der Propensity Scores berücksichtigt werden (Stuart und Rubin 2008).

Um die geeigneten konfundierenden Variablen zu ermitteln, werden für alle Variablen aus dem Fragebogen vor Kursbeginn Mittelwertdifferenzentests für die Gruppe der Teilnehmer und der Telefonstichprobe durchgeführt. Dieses Vorgehen zeigt, in welchen Merkmalen sich die Gruppen unterscheiden, und somit, welche Variablen Einfluss auf die Zuordnung zum Kurs haben. Die sich unterscheidenden Merkmale werden durch das Propensity Score Matching ausbalanciert. Neben einer Vielzahl an demografischen Variablen gibt es Daten zu finanziellem Wissen, Sparverhalten und Besitz von Wertanlagen. Besteht ein signifikanter Unterschied zwischen den Mittelwerten der Variablen, kann angenommen werden, dass die betroffene Variable einen Einfluss auf die Kurszuordnung hat (Guo und Fraser 2010).

Tabelle 9-1 enthält eine Übersicht über Fallzahlen, Mittelwerte und Standardabweichungen aller Variablen im Datensatz, welche im Zusammenhang mit der Kurszuordnung und der Altersvorsorgeentscheidung stehen können. Da die meisten Variablen nicht normalverteilt sind, wurde anstatt des t-tests für die nicht-binären Variablen zur Messung der statistischen Signifikanz des Unterschiedes im Mittelwert der Wilcoxon-Rangsummentest verwendet. Bei binomialen Variablen wurde ein Test auf Gleichheit zweier Anteile verwendet. Insgesamt haben 1016 Personen an der Telefonbefragung teilgenommen, 130 Kursteilnehmer haben den ersten Fragebogen ausgefüllt und 108 den Zweiten.

Aus Tabelle 9-1 geht hervor, dass die Teilnehmer in vielen Merkmalen signifikante Unterschiede zu den Telefonbefragten aufweisen. Diese Variablen werden zur Berechnung der Propensity Score herangezogen. Zu Beginn der Befragung wurde das Vorwissen der Teilnehmer ermittelt, welches auf der einen Seite aus einer subjektiven Einschätzung des eigenen Wissens über verschiedene Altersvorsorgemöglichkeiten besteht und auf der anderen Seite konkret anhand von Fragen zur gesetzlichen Rentenversicherung, zur staatlichen Förderung und zum Zinseszins überprüft wurde. Es fällt auf, dass die Kursteilnehmer ihr Wissen geringer einschätzen, aber die Wissensfragen besser beantworten als die Telefonbefragten. Damit würden die Personen aus der Telefonstichprobe ihr Wissen im Vergleich zu den Kursteilnehmern systematisch überschätzen. Es wäre aber auch möglich, dass der Unterschied in der subjektiven Wahrnehmung des eigenen Wissens aus den ungleichen Befragungssituationen resultiert. Auch auf die Beantwortung der Wissensfragen kann diese einen Einfluss haben: Die Kursteilnehmer könnten sich schon vor Kursbeginn über Themen der Altersvorsorge informiert haben, weil sie wussten, dass sie am Kurs teilnehmen würden. Dass die Teilnehmer sich vor dem Kurs mit ihrer Vorsorgesituation auseinandersetzen ist wahrscheinlich, wenn die Teilnehmer glauben dadurch mehr aus dem Kurs herauszuholen, zum Beispiel durch gezielte Fragen zur persönlichen Situation. Damit wären die Variablen zur Messung des Wissenstandes durch Antizipation des Kurses direkt von der Vorbereitung auf den Kurs beeinflusst und nicht mehr von der Entscheidung am Kurs teilzunehmen. Dieser Antizipationseffekt könnte auch das bessere Abschneiden der Teilnehmer bei den Wissensfragen erklären (siehe Abbildung 9-2). Außerdem könnten sich die Kursbesucher gegenseitig bei der Beantwortung der Wissensfragen geholfen haben. Aufgrund dieser möglichen Verzerrungen geht das objektive Vorwissen nicht ins Modell zur Berechnung der Propensity Score ein, da nicht sichergestellt werden kann, ob die Unterschiede in diese Größen nur auf die Teilnahmeentscheidung zurückgeht. Das gleiche gilt für die ersten beiden Items der Frage zur Einschätzung der Zukunfts- und Finanzplanung, sowie für die Angaben zum subjektiven Wissen. Schließlich wird ein solcher Antizipationseffekt auch bei den Unterschieden zur Einschätzung des eigenen Wissens vermutet.

Nachdem das Vorwissen ermittelt wurde, wurden Fragen zum Einkommen, Sparen und der Altersvorsorge gestellt. Keine statistisch signifikanten Unterschiede zwischen den beiden Gruppen gibt es bei den Angaben zur Frage, wie viel Einkommen im Alter benötigt wird, um angemessen leben zu können. Bei der Frage, ob die gesetzliche Rentenversicherung ausreichen wird, um im Alter angemessen leben zu können, schätzen die Teilnehmer die Leistungen der gesetzlichen Rente signifikant positiver ein als die Telefonbefragten. Die Variable wird aber nicht ins Modell aufgenommen, da Personen, die aufgrund mangelnden Wissens eine Einschätzung nicht vornehmen konnten, sonst nicht in die Berechnung aufgenommen werden können und der Kurseffekt verzerrt wird. Das Gleiche gilt für die Fragen zur Eignung unterschiedlicher Produkte zur Altersvorsorge, welche hier nicht in die Übersicht aufgenommen wurden. Zum persönlichen Sparverhalten gaben die Teilnehmer an, regelmäßiger Geld zurücklegen zu können als die nicht-Teilnehmer und weniger oft Geldmangel zu haben. Dennoch legen die Teilnehmer rund 90 Euro weniger monatlich für die private Altersvorsorge zurück als die Kontrollgruppe, wobei der Unterschied nicht signifikant ist.

# Tabelle 9-1 Beschreibung der Gruppenunterschiede

| Variable | N Teil-nehmer | % Teil-nehmer | N Telefon-stichprobe | % Telefon-stichprobe | Mittelwert (Standardabweichung) Kursteilnehmer | Telefonbefragte | Wilcoxon-Ranksumtest z-Wert | Pr*** | Test auf Gleichheit zweier Anteile z-Wert | Pr*** |
|---|---|---|---|---|---|---|---|---|---|---|
| **Abschnitt A: Wissensblock** | | | | | | | | | | |
| **A.1 subjektive Einschätzung zum persönlichen Wissen** | | | | | | | | | | |
| Frage 4: Wie beurteilen Sie Ihr persönliches Wissen hinsichtlich... (Skala von 1-sehr gering bis 7- sehr hoch) | | | | | | | | | | |
| ... finanzieller Angelegenheiten? | 127 | | 1015 | | 3.85 (1.41) | 4.61 (1.37) | 5.77 | 0.00 | | |
| ... der gesetzlichen Rentenversicherung? | 129 | | 1011 | | 3.33 (1.37) | 4.32 (1.69) | 6.82 | 0.00 | | |
| ... der betrieblichen Altersvorsorge? | 128 | | 959 | | 2.97 (1.39) | 3.84 (2.06) | 4.54 | 0.00 | | |
| ... einer Kapitallebensversicherung? | 130 | | 991 | | 2.98 (1.54) | 4.29 (1.90) | 7.48 | 0.00 | | |
| ... der "Riester-Rente"? | 127 | | 986 | | 2.93 (1.60) | 4.07 (1.94) | 6.28 | 0.00 | | |
| ... der "Basis-Rente" oder der "Rürüp-Rente" | 127 | | 864 | | 2.21 (1.38) | 2.91 (1.92) | 3.27 | 0.00 | | |
| **A.2 Wissensfragen** | | | | | | | | | | |
| Frage 5: Wenn ein(e) gesetzlich Rentenversicherte(r) ein Jahr vor dem gesetzlichen Renteneintrittsalter in Rente geht, muss er (sie) damit Rechnen eine um ___,_ Prozent geminderte Rente zu erhalten | | | | | | | | | | |
| Richtig (3,6%) | 14 | 11% | 31 | 3% | | | | | -4.21 | 0.00 |
| Nicht richtig | 118 | 89% | 985 | 97% | | | | | | |
| Frage 6: Ist die folgende Aussage richtig? "Jeder sozialversicherungspflichtige Beschäftigte hat einen Rechtsanspruch auf betriebliche Altersversorgung (Entgeltumwandlung). Das heißt, jeder Arbeitgeber ist verpflichtet, seinen Beschäftigten auf Wunsch die Möglichkeit zur betrieblichen Altersvorsorge zu bieten." | | | | | | | | | | |
| Ja (richtige Antwort) | 74 | 56% | 527 | 52% | | | | | -0.91 | 0.36 |
| Nein oder weiß nicht | 58 | 44% | 489 | 48% | | | | | | |
| Frage 7: Wie viel Prozent ihres Bruttoeinkommens müssen Sie im Jahr sparen, um die volle Riesterförderung zu erhalten? | | | | | | | | | | |
| Richtig (4%) | 65 | 49% | 87 | 9% | | | | | -12.97 | 0.00 |
| Nicht richtig | 67 | 51% | 929 | 91% | | | | | | |
| Frage 8: Angenommen, Sie haben 100 € Guthaben auf Ihrem Sparkonto. Dieses Guthaben wird mit 20 Prozent im Jahr verzinst und Sie lassen Guthaben und Zinsen fünf Jahre auf diesem Konto. Wieviel Guthaben weist ihr Sparkonot nach fünf Jahren auf? | | | | | | | | | | |
| Mehr als 200 € (richtige Antwort) | 107 | 81% | 638 | 63% | | | | | -4.14 | 0.00 |
| Nicht richtig | 25 | 19% | 378 | 37% | | | | | | |
| Frage 9: Haben Sie sich schon einmal Gedanken darüber gemacht, wie viel Geld Sie im Alter benötigen werden, um im Alter angemessen leben zu können? | | | | | | | | | | |
| Ja | 87 | 67% | 669 | 67% | | | | | 0.18 | 0.85 |
| Nein | 42 | 33% | 335 | 33% | | | | | | |
| **Abschnitt B: Einkommen, Sparen und Altersvorsorge** | | | | | | | | | | |
| Frage 10: Wenn Sie heute im Rentenalter wären, was denken Sie, wie viel Euro würden Sie monatlich netto (d.h. Ihr verfügbares Einkommen nach Abzug von Steuern und Sozial-versicherungsbeiträgen) benötigen, um angemessen leben zu können? ** | | | | | | | | | | |
| Beantwortet | 90 | 68% | 641 | 63% | 1732 € (553 €) | 1695 € (891 €) | -2.22 | 0.03 | | |
| keine Angabe | 42 | 32% | 375 | 37% | | | | | | |
| Frage 12: Wird Ihre gesetzliche Rente oder Pension ausreichen, um im Alter angemessen leben zu können? (Skala von 0-Ja, in jedem Fall bis 10- Auf keinen Fall) | | | | | | | | | | |
| Beantwortet | 116 | 88% | 973 | 96% | 7.91 (2.65) | 6.49 (3.29) | -4.29 | 0.00 | | |
| Weiß nicht | 14 | 11% | - | - | | | | | | |
| Keine Angabe | 2 | 2% | 43 | 4% | | | | | | |
| Frage 13: Welche der folgenden Sätze trifft am Besten auf Ihr Sparverhalten zu? | | | | | | | | | | |
| Ich lege regelmäßig einen festen Betrag an | 63 | 48% | 347 | 34% | | | | | | |
| Ich lege jeden Monat etwas zurück. Die Höhe bestimme ich je nach finanzieller Situation. | 34 | 26% | 271 | 27% | | | | | | |
| Ich lege etwas zur Seite, wenn etwas zum Sparen übrig bleibt | 21 | 16% | 260 | 26% | | | 4.19 | 0.00 | | |
| Ich spare nicht, da kein finanz-ieller Spielraum vorhanden ist | 3 | 2% | 99 | 10% | | | | | | |
| Ich will nicht Sparen, sondern jetzt das Leben genießen | 3 | 2% | 33 | 3% | | | | | | |
| keine Angabe | 8 | 6% | 6 | 1% | | | | | | |
| Frage 14: Wieviel Euro legen Sie monatlich für die private Altersvorsorge zurück? | | | | | | | | | | |
| Beantwortet | 115 | 87% | 785 | 77% | 195 € (175 €) | 285 € (414 €) | 0.87 | 0.38 | | |
| Keine Angabe | 17 | 13% | 231 | 23% | | | | | | |
| Frage 15: Was denken Sie, wird der Betrag den Sie bisher zurücklegen, zuzüglich sonstiger Einkünfte, wie zum Beispiel der gesetzlichen Rente, ausreichen, um im Alter angemessen leben zu können? | | | | | | | | | | |
| Ja | 19 | 14% | 531 | 52% | | | | | 8,48 | 0.00 |
| Nein, ich sollte mehr zurückleger | 82 | 62% | 368 | 36% | | | | | | |
| Weiß nicht | 28 | 21% | 76 | 7% | | | | | | |
| keine Angabe | 3 | 2% | 41 | 4% | | | | | | |
| Frage 16: Haben Sie eine private Erwerbs-/Berufsunfähigkeitsversicherung abgeschlossen | | | | | | | | | | |
| Ja | 84 | 64% | 587 | 85% | | | | | 1.36 | 0.17 |
| Nein | 45 | 34% | 410 | 40% | | | | | | |
| keine Angabe | 3 | 2% | 19 | 2% | | | | | | |

Anmerkungen: * Shapiro-Wilk Test lehnt die Normalverteilungsannahme auf einem Signifikanzniveau von unter 5% ab

** Wird keine konfundierende Variable wegen Filterführung im Fragbogen

*** Die Alternativhypothese ist, dass es keine Unterschiede in den Gruppenmittelwerten gibt

| Variable | N Teilnehmer | % Teilnehmer | N Kontrollgruppe | % Kontrollgruppe | Mittelwert (Standardabweichung) | | Wilcoxon-Ranksumtest | | Test auf Gleichheit zweier Anteile | |
|---|---|---|---|---|---|---|---|---|---|---|
| | | | | | Kursteilnehmer | Telefonbefragte | z-Wert | Pr*** | z-Wert | Pr*** |
| **Aus Frage 17: Besitz einer zusätzlichen geförderten Altersvorsorge (Riester, Rürüp, betriebliche Altersvorsorge)** | | | | | | | | | | |
| Gennant | 68 | 51% | 697 | 68% | | | | | 3.92 | 0.00 |
| Nicht gennant | 64 | 49% | 319 | 32% | | | | | | |
| **Aus Frage 17: Besitz vom Immobilien** | | | | | | | | | | |
| Gennant | 62 | 47% | 632 | 62% | | | | | 3.37 | 0.00 |
| Nicht gennant | 70 | 53% | 384 | 38% | | | | | | |
| **Frage 19: Wie gern beschäftigen Sie sich mit finanziellen Angelegenheiten** | | | | | | | | | | |
| Sehr gern oder eher gern | 57 | 43% | 554 | 55% | | | | | 2.25 | 0.02 |
| Eher ungern oder sehr ungern | 70 | 53% | 445 | 44% | | | | | | |
| keine Angabe | 5 | 4% | 17 | 2% | | | | | | |
| **Frage 20: Bitte schätzen Sie nun ein, inwiewiet die folgenden Aussagen auf Sie zutreffen. (Skala von 0-absolut nicht zutreffend bis 10 völlig zutreffend** | | | | | | | | | | |
| Ich kümmere mich lediglich um dringende Angelegenheiten, da sich zukünftige Problem oft von selbst regeln | 127 | | 1012 | | 3.02 (2.60) | 4.07 (3.04) | 3.63 | 0.00 | | |
| Tätigkeiten, die greifbare und unmittelbare Resultate aufweisen, sind für mich wichtiger als Tätigkeiten, deren Resultate sich erst in ferner Zukunft einstellen | 129 | | 1003 | | 4.35 (2.61) | 5.17 (2.63) | 3.13 | 0.00 | | |
| Eine sichere Geldanlage und garantierte Rendite/Zinsen sind wichtiger als ein Risiko einzugehen, um die Möglichkeit zu haben, besonders hohe Renditen/Zinsen zu erhalten | 127 | | 1000 | | 7.70 (2.40) | 7.28 (2.72) | -1.42 | 0.16 | | |
| Ich plane sehr genau für die Zukunft | 128 | | 1015 | | 5.55 (2.27) | 6.22 (2.71) | 3.22 | 0.00 | | |
| **Abschnitt C: Persönliche Merkmale** | | | | | | | | | | |
| **Frage 22: Geschlecht** | | | | | | | | | | |
| Männlich | 67 | 52% | 394 | 39% | | | | | -2.79 | 0.01 |
| Weiblich | 63 | 48% | 622 | 61% | | | | | | |
| **Frage 23: Alter** | 130 | | 1014 | | 43.95 (10.80) | 44.80 (10.62) | 1.18 | 0.24 | | |
| **Frage 24: Familienstand** | | | | | | | | | | |
| verheiratet | 61 | 48% | 595 | 59% | | | | | 2.19 | 0.03 |
| nicht verheiratet | 65 | 52% | 420 | 41% | | | | | | |
| **Frage 25: Kinder** | | | | | | | | | | |
| Vorhanden | 66 | 51% | 706 | 70% | | | | | 4.30 | 0.00 |
| Nicht vorhanden | 64 | 49% | 309 | 30% | | | | | | |
| **Frage 26: höherer Schulabschluss** | | | | | | | | | | |
| (Fach)Abitur, erweiterte Oberschule, Berufsschule mit Abitur | 86 | 66% | 456 | 55% | | | | | -2.49 | 0.01 |
| Kein höherer Schulabschluss | 44 | 34% | 549 | 45% | | | | | | |
| **Frage 27: Beruflicher Ausbildungsabschluss** | | | | | | | | | | |
| Universität oder Fachhochschule, | 72 | 56% | 386 | 38% | | | | | -3.86 | 0.00 |
| Andere | 56 | 44% | 617 | 62% | | | | | | |
| **Frage 29: Monatliches Nettoeinkommen (Bei Verheirateten Summe aus beiden Einkommen)** | | | | | | | | | | |
| weniger als 1000 € | 3 | 2% | 158 | 16% | | | | | | |
| 1000 bis unter 1500 € | 13 | 10% | 152 | 15% | | | | | | |
| 1500 bis unter 2000 € | 34 | 26% | 147 | 14% | | | | | | |
| 2000 bis unter 2500 € | 23 | 17% | 111 | 11% | | | | | | |
| 2500 bis unter 3000 € | 15 | 11% | 75 | 7% | | | -6.86 | 0.00 | | |
| 3000 bis unter 3500 € | 14 | 11% | 32 | 3% | | | | | | |
| 3500 bis unter 4000 € | 6 | 5% | 13 | 1% | | | | | | |
| 4000 € und mehr | 11 | 8% | 17 | 2% | | | | | | |
| Keine Angabe | 13 | 10% | 311 | 31% | | | | | | |

Anmerkungen: * Shapiro-Wilk Test lehnt die Normalverteilungsannahme auf einem Signifikanzniveau von unter 5% ab
** Wird keine konfundierende Variable wegen Filterführung im Fragbogen
*** Die Alternativhypothese ist, dass es keine Unterschiede in den Gruppenmittelwerten gibt

Auch ist das Maximum der Verteilung bei den Kursteilnehmern mit nur 1000 Euro um 2500 Euro niedriger und der Median mit 155 Euro um 20 Euro geringer als in der Kontrollgruppe. Der relativ hohe Anteil an Antwortausfall bei der Telefonumfrage von fast 23% könnte eine Ursache für diese Inkonsistenz sein. Um die Auswirkungen der Ausreißer in der Telefonstichprobe auf das Matching zu dämpfen, wurde die Höhe der monatlichen Rücklagen zur privaten Altersvorsorge in fünf Kategorien eingeteilt und auf der kategorisierten Variable gematcht.

Wichtig für die zukünftige Ausgestaltung der Altersvorsorge sind der Besitz von Altersvorsorgeprodukten und der Besitz von Immobilien. Die Teilnehmer besitzen seltener Altersvorsorgeprodukte und Immobilien. Auch hier sind die Unterschiede hochsignifikant. Die Beschäftigung mit finanziellen Angelegenheiten ist für die Kontrollgruppe attraktiver als für die Teilnehmer und ist somit konfundierende Variable.

Demgegenüber stimmt der Aussage „Ich kümmere mich lediglich um dringende Angelegenheiten, da sich zukünftige Probleme oft von selbst regeln" die Kontrollgruppe tendenziell eher zu als die Kursteilnehmer. Gleiches gilt für die Aussage „Tätigkeiten, die greifbare und unmittelbare Resultate aufweisen, sind für mich wichtiger als Tätigkeiten, deren Resultate sich erst in ferner Zukunft einstellen". Auch der Aussage „Ich plane sehr genau für die Zukunft" stimmt die Kontrollgruppe häufiger zu.

Damit planen die Personen aus der Kontrollgruppe besser für die Zukunft, obwohl sie dringende Angelegenheiten und greifbare Resultate für wichtiger halten als die Kursteilnehmer. Es ist denkbar, dass die Kursteilnehmer beim Beantworten der Items zur Erfassung der Planungseigenschaften durch den Befragungsmodus beeinflusst werden, denn sie befinden sich beim Antworten in einer Situation, die sehr viel mit der Zukunftsplanung zu tun hat, und sie könnten auch schon in den Tagen vor der Befragung aufgrund der Teilnahme am Kurs mehr als üblich über ihre Zukunft nachgedacht haben als die Telefonbefragten, was sich zum Beispiel darin äußern würde, dass sie die ferne Zukunft für wichtiger halten als die Nicht-Teilnehmer.

Eine Messung der Zeitpräferenz wird nicht ins Modell aufgenommen, da der angegebene Betrag bei einem Großteil der Befragten viel zu hoch ist, um realistisch zu sein. Dies deutet darauf hin, dass die Frage entweder nicht verstanden oder nicht ernst genommen wurde.

Die demographischen Daten aus Tabelle 9-1 zeigen, dass die Kursteilnehmer besser ausgebildet, seltener verheiratet und seltener nicht berufstätig sind. Außerdem haben sie weniger Kinder und ein höheres Einkommen. Die Unterschiede sind mit Ausnahme des Alters alle signifikant. Das Alter wird dennoch als Matching-Variable verwendet, da das Alter mit unbeobachteten Charakteristika korrelieren kann und weil es Einfluss auf die Altersvorsorgeentscheidung haben könnte. Damit wurden in diesem Abschnitt alle potentiell konfundierenden Variablen beschrieben. In den nächsten Abschnitten wird das Modell zur Berechnung der Propensity Scores erläutert und die geeignete Matching-Methode gefunden.

## 9.3 Spezifikation des Propensity Score Models

Die Unterschiede in den Mittelwerten geben einen Hinweis darauf, welche Variablen die Zuordnung zum Kurs beeinflussen, und diese können als Ausgangspunkt für die Schätzung der Propensity Scores verwendet werden. In das Model müssen aber auch Kovariate eingehen, die mit der Kurswirkung zusammenhängen (Stuart 2010). Die richtige Spezifikation des Propensity Score Models ist entscheidend für die Qualität der Matches und damit auch für die Schätzung des Kurseffektes. Dazu ist es notwendig, dass nach dem Matchen die Unterschiede in den Gruppen möglichst gering sind (Stuart und Rubin 2008, S. 160):

> "When the propensity scores will be used for matching or subclassification, the key diagnostic is covariate balance in the resulting matched samples or subclasses."

Daher wurde gezielt nach der Spezifikation gesucht, welche den standardisierten Bias nach Rosenbaum und Rubin (1985) für alle Kovariate und zusätzliche Variablen, einschließlich Interaktionstermen, am stärksten verringert, wie von Stuart (2010) vorgeschlagen. Dieses Vorgehen nutzt die Eigenschaft des wahren Propensity Scores als Balancing Score, denn sobald die Kovariaten nach dem Matching ausgeglichen sind, liegt eine konsistente Schätzung des wahren Propensity Scores vor (Ho et al. 2007). Tabelle 9-2zeigt eine Liste der so ermittelten konfundierenden Variablen.

Aufgrund vieler fehlender Werte in den Kovariaten sinken die Fallzahlen, die zur Berechnung der Propensity Score verwendet werden können, von 108 auf 67 Teilnehmer. Es soll aber im Sinne der Effizienz nicht auf Variablen in der Spezifikation verzichtet werden. Auch Rubin und Thomas (1996, S. 253) raten von einem solchen Vorgehen ab:

> "Unless a variable can be excluded because there is concensus that it is unrelated to the outcome variables or not a proper covariate, it is advisable to include it in the propensity score model even if it is not statistically significant."

Da aber der Zuordnungsmechanismus nicht nur bedingt auf die Kovariaten zu ignorieren ist, sondern auch bedingt auf die Struktur der fehlenden Daten (D'Agostino und Rubin 2000), sollten die Beobachtungen mit fehlenden Werten nicht von der Analyse ausgeschlossen werden. Dazu können den Kovariaten, wo nötig wie bei D'Agostino und Rubin (2000), Hansen (2004) und Harder et al. (2008), eine „Missing" Kategorie hinzugefügt werden. Der Anteil der fehlenden Werte ist in einigen Kovariaten jedoch sehr hoch, weshalb weiter unten eine multiple Imputation der Kovariaten durchgeführt wird.

**Tabelle 9-2: Liste der konfundierenden Variablen**

| Konfundierende Variablen |
|---|
| Alter |
| $Alter^2$ |
| Geschlecht |
| Verheiratet (Ja/Nein) |
| Kinder (Ja/Nein) |
| Abitur (ja/Nein) |
| (Fach-)Hochschulabschluss (Ja/Nein) |
| Arbeitstätig (Ja/Nein) |
| Sparverhalten (Skala 1-5) |
| Höhe der monatlichen Rücklagen (Skaliert 0-6) |
| Ausreichend laufende Rücklagen (Ja/Nein) |
| Beschäftigt sich gerne mit finanziellen Rücklagen (Ja/Nein) |
| Risikoaversion (Skala 0-10) |
| Plant für die Zukunft (Skala 0-10) |
| Besitzt zusätzliche Altersvorsorge (Ja/Nein) |
| Besitzt Immobilien (Ja/Nein) |
| Nettoeinkommen (Skala 1-8) |
| Haushaltsvermögen (Skala 1-12) |
| $Haushaltsvermögen^2$ |
| Geschlecht_Risikoaversion |
| Fallzahlen: Teilnehmer 67 ; Kontrollgruppe 482 |

## 9.4 Ausgleich der Kovariaten bei verschiedenen Matching Varianten

Mit den in Tabelle 9-2genannten Variablen lassen sich die Propensity Scores berechnen und die geeigneten Partner für die Kursteilnehmer der Zufallsstichprobe finden. Es wird zunächst ein Mahalanobis-Matching(Rosenbaum und Rubin 1985) innerhalb eines Kalipers entlang der Propensity Scores und der Schlüsselvariate Nettoeinkommen und Familienstand durchgeführt28. Der Kaliper beträgt 0.2*Standardabweichung der Logit Transformation der Propensity Score. Die Wahl der Matching-Methode und die Weite des Kalipers basiert auf den Empfehlungen von Rosenbaum und Rubin (1985) und Rubin (2001). Außerdem müssen Kontrollbeobachtungen innerhalb einer Common Support Region liegen. Abbildung 9-1zeigt die Common Support Region, welche von -

---

[28]Die Berechnung der Propensity Scores sowie Mahalanobis Matching und das NN Matching wird mit dem Stata Modul psmatch2 durchgeführt (Leuven und Sianesi 2003).

5.6 bis +0.9 reicht. 24 Teilnehmer am oberen Ende des Propensity Scores haben keine Kontrollbeobachtung innerhalb der Common Support Region.

**Abbildung 9-1: Common Support der Region**

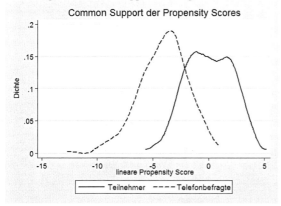

Zur Messung der Unterschiede in den Kovariaten vor und nach dem Matching wird der Standardisierte Bias nach (Rosenbaum und Rubin 1985) verwendet:

$$100(\bar{X}_T - \bar{X}_C)/[(s_T^2 + s_C^2)/2]^{1/2} \, ,$$

wobei $\bar{X}_T$ und $\bar{X}_C$ die Mittelwerte der Teilnehmer- und Kontrollgruppen und $s_T^2$ sowie $s_C^2$ die dazugehörigen Varianzen sind. Durch Messung des Bias vor und nach dem Matchen kann der Ausgleich in den Kovariaten überprüft und eventuell Anpassungen der Spezifikation vorgenommen werden.

Beim Matching auf den Variablen zur zusätzlichen Altersvorsorge und dem Nettoeinkommen wird der Bias in allen Kovariaten besser ausgeglichen als beim Mahalanobis-Matching nur entlang der Propensity Score. Das Mahalanobis-Matching mit Zurücklegen[29] hat für die vorhandenen Daten jedoch den Nachteil, dass sehr viele Kontrollbeobachtungen mehrfach verwendet werden. So finden 43 Teilnehmer nur 32 Partner. Der Nachteil dieser Matching-Variante ist, dass der Bias sich in andere Kovariate verschiebt, wenn ein genaues Matching auf zum Beispiel Nettoeinkommen und Familienstand erzwungen wird. Diese Tatsache ändert sich nicht durch andere Kombinationen von Schlüsselvariablen.

---

[29] Das verwendete Stata Modul psmatch2 kann ein Mahalanobis-Matching nur mit Zurücklegen durchführen

## Tabelle 9-3: Biasreduktion bei kompletten Fällen

| Konfundierende Variablen | % Bias vor Matching | Mahalanobisdistanz auf PS und Schlüsselkovariate Nettoeinkommen und Verheiratet (mit Zurücklegen) | | | Nearest Neighbour Matching auf PS mit Kaliper (absteigend, ohne Zurücklegen) | | | 1-1 Optimal Matching mit Kaliper | | |
|---|---|---|---|---|---|---|---|---|---|---|
| | | % Bias Nach Matching | % Verringerung \|Bias\| | | % Bias Nach Matching | % Verringerung \|Bias\| | | % Bias Nach Matching | % Verringerung \|Bias\| | |
| Alter | -12.9 | -1.7 | 87.2 | | -5.8 | 54.8 | | -12.5 | 2.8 | |
| Alter$^2$ | -13.7 | -2.7 | 80.4 | | -6.8 | 50.6 | | -13.6 | 0.9 | |
| Geschlecht | 28.2 | 9.2 | 67.3 | | -4.6 | 83.5 | | 0.0 | 100 | |
| Verheiratet (Ja/Nein) | 6.8 | 0.0 | 100.0 | | -9.2 | -35.3 | | -9.2 | -35.3 | |
| Kinder (Ja/Nein) | -29.0 | 18.6 | 35.8 | | 0.0 | 100.0 | | -9.2 | 68.2 | |
| Abitur (Ja/Nein) | 24.1 | -25.5 | -5.9 | | -9.8 | 59.2 | | -14.9 | 38.2 | |
| (Fach-)Hochschulabschluss (Ja/Nein) | 37.7 | 0.0 | 100.0 | | -4.6 | 87.7 | | -9.3 | 75.3 | |
| Arbeitstätig (Ja/Nein) | 47.9 | -9.8 | 79.5 | | -9.8 | 79.5 | | 0.0 | 100 | |
| Sparverhalten (Skala 1-5) | -35.1 | 11.2 | 68.1 | | -6.2 | 82.4 | | -2.1 | 94.1 | |
| Höhe der monatlichen Rücklagen (Skaliert 0-6) | -36.7 | 33.4 | 9.0 | | 0.3 | 99.2 | | 6.1 | 83.5 | |
| Ausreichend laufende Rücklagen (Ja/Nein) | -96.1 | -16.1 | 83.2 | | -5.5 | 94.2 | | -10.9 | 88.7 | |
| Beschäftigt sich gerne mit finanziellen Rücklagen (Ja/Nein) | -8.4 | 9.3 | -10.5 | | 13.9 | -65.5 | | 13.9 | -65.5 | |
| Risikoaversion (Skala 0-10) | -5.7 | 0.8 | 85.3 | | -7.9 | -38.7 | | -11.4 | -99.9 | |
| Plant für die Zukunft (Skala 0-10) | -19.9 | -11.0 | 45.0 | | -3.7 | 81.2 | | 0.9 | 95.3 | |
| Besitzt zusätzliche Altersvorsorge (Ja/Nein) | -55.5 | -15.2 | 72.6 | | 9.7 | 82.6 | | 14.4 | 74.1 | |
| Besitzt Immobilien (Ja/Nein) | -21.5 | 23.1 | -7.5 | | 9.2 | 57.1 | | 0.0 | 100 | |
| Nettoeinkommen (Skala 1-8) | 82.4 | 0.0 | 100.0 | | 2.6 | 96.9 | | -1.3 | 98.4 | |
| Haushaltsvermögen (Skala 1-12) | 12.7 | -2.0 | 84.3 | | 8.1 | 36.0 | | 6.1 | 51.4 | |
| Haushaltsvermögen $^2$ | 5.5 | -0.1 | 97.4 | | 11.4 | -106.7 | | 10.7 | -94.3 | |
| Geschlecht_Risikoaversion | 18.2 | 5.1 | 71.7 | | -8.0 | 55.8 | | -4.0 | 77.9 | |
| **Lineare Propensity Score** | 190.5 | 9.9 | 94.8 | | 2.6 | 98.6 | | 2.0 | 99.0 | |
| **Fallzahlen** | | | | | | | | | | |
| N Teilnehmer außerhalb Common Support Region/Kaliper | | 24 | | | 24 | | | 24 | | |
| N gematchte Teilnehmer | | 43 | | | 43 | | | 43 | | |
| N gematchte Kontrollbeobachtungen | | 32 | | | 43 | | | 43 | | |

Deshalb wird alternativ ein Nearest-Neighbour-Matchingund ein optimales Matching[30] innerhalb der Common Support Region mit Kaliper und ohne Zurücklegen durchgeführt. Tabelle 9-3 zeigt den Bias vor und nach dem Matchen und die prozentuale Verringerung des Bias durch das Matching für die drei Varianten. Es zeigt sich, dass vor dem Matchen der standardisierte Bias für fast alle Kovariaten über 20% liegt. Ein solcher Bias wird von Rosenbaum und Rubin (1985) als groß betrachtet.

Allgemein wird eine Reduktion des Bias in den Kovariaten auf unter 5% oder gar unter 3% in vielen Studien als ausreichend angesehen (Caliendo und Kopeinig 2008). Eine derartige Angleichung der Kovariaten kann im vorliegenden Sample wahrscheinlich wegen der geringen Fallzahlen nicht erreicht werden. So bleibt bei vielen Kovariaten ein Bias von über 10% erhalten. Insgesamt zeigt sich, dass das Nearest-Neighbour-Matching die am stärksten ausgeglichene Reduktion in den Kovariaten erzeugt, da nur wenige Kovariate einen Bias von über 10% nach dem Matching haben. Dennoch führen alle drei Methoden zu statistisch insignifikanten Unterschieden in den Kovariaten.

---

[30]Das optimale Matching erfolgt mit dem Stata Modul optmatch2 von Mark Lunt

**Abbildung 9-2: Entfernung der PropensityScores**

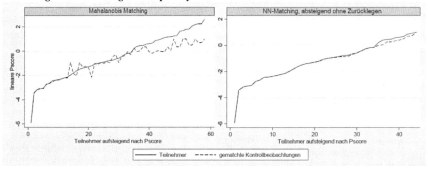

Abbildung 9-2 zeigt die Entfernung der Propensity Scores für die gematchten Beobachtungen. Im linken Panel ist die Entfernung für das Mahalanobis Matching und im rechten für das Nearest-Neighbour-Matching abgebildet. Beim Mahalanobis Matching weichen die Propensity Scores der gematchten Kontrollbeobachtungen schon ungefähr ab der zwölften Beobachtung erratisch von der Propensity Score des gematchten Teilnehmers ab.

Es ist erkennbar, dass das Nearest-Neighbour-Matching in der Lage ist, die besseren Partner entlang der Propensity Score zu finden als die Mahalanobis Variante. Hier überlappen die beiden Linien fast. Ein weiterer Vergleich der Verteilung der Propensity Scores nach Nearest-Neighbour Matching und optimalem Matching anhand der entsprechenden QQ Plots in Abbildung 9-3 zeigt, dass beide Methoden gleich gut in der Lage sind, Verteilungen der Propensity Scores anzugleichen.

**Abbildung 9-3: QQ Plots der Propensity Scores**

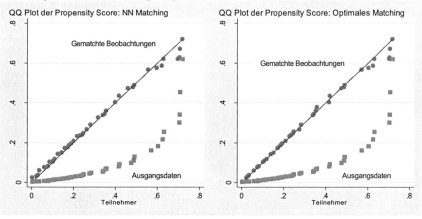

Mit den vorhandenen Daten ist es also möglich, durch ein Matching-Verfahren Balance in der Verteilung des Propensity Scores herzustellen und somit den standardisierten Bias der Kovariaten weitestgehend auszugleichen. Die Outcomeffekte sollen an dieser Stelle nicht präsentiert werden, da diese aufgrund fehlender Werte verzerrt sein können. Daher wird vor der Berechnung der Kurseffekte eine multiple Imputation der Kovariaten durchgeführt.

# 10 Imputation der fehlenden Werte und Matching-Analyse

Der nächste Abschnitt beschreibt die Datenimputation der Kovariaten für die Teilnehmer und Kontrollbeobachtungen. Danach wird das Matching erneut durchgeführt und anhand der Balance in den Kovariaten bewertet.

## 10.1 Imputation des Nettoeinkommens in der Telefonstichprobe

In der Telefonstichprobe fehlen bei fast 31% der Beobachtungen die Angaben zur Kovariate Nettoeinkommen und können deshalb nicht für die Schätzung der Propensity Scores verwendet werden. In der Teilnehmerbefragung haben nur 8% keine Antwort auf die Frage zum Nettoeinkommen gegeben. Um den Pool möglicher Kontrollbeobachtungen zu vergrößern, werden die Angaben für das Nettoeinkommen der Telefonstichprobe sowie die fehlenden Werte der Kovariaten im Teilnehmerfragebogen imputiert. Hierbei werden die fehlenden Angaben durch plausible Werte ersetzt und so die Beobachtungseinheit mit fehlenden Werten für eine multiple Analyse verwendbar gemacht. Eine gängige Form der Datenimputation ist die Multiple Imputation nach Rubin. Hierbei werden mehrere Datensätze gebildet, welche jeweils verschiedene, plausible Kombinationen von Imputationen für die fehlenden Werte enthalten (Rubin 1996).

Es gibt keine eindeutig zu bevorzugende Möglichkeit zur Berechnung der Propensity Scores mit imputierten Daten. Grundsätzlich gibt es zwei Vorgehensweisen: Es lassen sich die Propensity Scores für jeden imputierten Datensatz berechnen und der Treatment Effekt als Durchschnitt aus den hervorgehenden $m$ Treatment Effekten berechnen. Die zweite Möglichkeit besteht darin, aus den $m$ Propensity Scores den Durchschnitt zu bilden und entlang dem Durchschnitt aus den Propensity Scores zu matchen (Mitra und Reiter 2011). Im Folgenden wird die zweite Variante durchgeführt, auch weil diese in der Simulation von Mitra und Reiter (2011) die besseren Ergebnisse erzielte.

Ein zusätzliches Problem bei der Telefonstichprobe besteht darin, dass das Nettoeinkommen anders erfragt wurde als bei den Teilnehmern. Bei der Telefonumfrage wurde nach dem eigenen Einkommen und dem Einkommen des Partners (zusammenlebend und verheiratet) getrennt gefragt. Die Kursteilnehmer wurden dagegen nach dem eigenen Einkommen und dem gemeinsamen Einkommen (falls sie verheiratet sind) in einer Frage gefragt. Weil die Einkommensfrage kategorisiert ist, wurde für die Telefonbefragten der gewichtete Durchschnitt ermittelt, falls die Person verheiratet war, weil sich die Einkommensdaten der Kursteilnehmer nicht mehr nach eigenem Einkommen und Einkommen des Partners trennen lassen. Bei Unverheirateten wurde nur das eigene Einkommen verwendet. Der Antwortausfall bei der Telefonbefragung setzt sich also aus dem Ausfall für das eigene Einkommen und dem Ausfall für das Einkommen des Ehepartners zusammen. Somit ist das Einkommen, auf welchem gematcht wird, das nicht äquivalenzgewichtete Haushaltseinkommen, wobei angenommen wird, dass nur Verheiratete gemeinsam haushalten. Da Angaben zur Erwerbstätigkeit des Partners vorhanden sind, wäre es möglich, das gemeinsame Nettoeinkommen dem eigenen Nettoeinkommen gleichzusetzen, falls der Ehepartner nicht erwerbstätig ist. Da aber aus den Daten nicht ersichtlich ist, ob der Partner tatsächlich nicht erwerbstätig ist oder ob Antwortausfall vorliegt, wurde dieser Weg nicht gewählt.

**Abbildung 10-1: Korrelationen mit dem Einkommen**

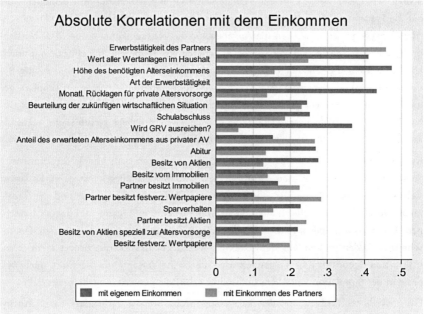

Die Einkommensdaten der Telefonbefragten werden für die Zielperson und den Partner imputiert und anschließend wird der gewichtete Durchschnitt gebildet, falls Verheiratete zwei Einkommen haben. Für das Imputationsmodell geeignete Variablen werden anhand der Stärke der Korrelation mit den zu imputierenden Variablen ermittelt.

Abbildung 10-1 zeigt die absoluten Korrelationen der am stärksten mit dem Einkommen und dem Einkommen des Partners korrelierten Variablen. Darunter sind Angaben zur Erwerbstätigkeit, zum Besitz verschiedener Kapitalanlagen, einschließlich Immobilien, für die befragte Person und den Ehepartner. Außerdem wurde das Haushaltsvermögen erfragt, welches mit beiden Einkommen sehr stark korreliert. Es wurden 18 Variablen mit der höchsten gemeinsamen Korrelation mit dem Einkommen und dem Einkommen des Partners und demographische Angaben für das Imputationsmodell verwendet und zehn imputierte Datensätze erstellt. Dabei wurde die Höhe der monatlichen Rücklagen kategorisiert, sodass keine semistetigen Variablen imputiert werden müssen.

## 10.2 Matching nach multipler Imputation

Die fehlenden Werte der Kovariaten der Kursteilnehmer werden für Personen, die den ersten und zweiten Fragbogen beantwortet haben, ebenfalls imputiert. Somit stehen zur Schätzung der Propensity Scores 108 Teilnehmer[31] und 915 Nicht-Teilnehmer zur Verfügung. Die Kovariaten im Modell zur Berechnung der Propensity Scores sind wie in Tabelle 9-2.Die Propensity Scores werden über die zehn imputierten Datensätze gemittelt und in den Originaldatensatz eingefügt. Damit liegen Propensity Scores für fast alle Beobachtungen vor. Abbildung 10-2zeigt die Überlappung der linearen Propensity Scores mit imputierten Propensity Scores.

Die Common-Support-Region reicht von -6 bis +0.7. Zu matchende Paare werden weiterhin nur in dieser Region gesucht. Damit fallen 25 Teilnehmer und 147 Nicht-Teilnehmer aus der Schätzung. Die Fallzahlen aus Tabelle 10-1 zeigen, dass durch die Imputation der Kovariaten die Anzahl der gematchten Partner fast verdoppelt werden konnte. Im Folgenden werden die Ergebnisse eines 1-1 Nearest-Neighbor-Matching[32] ohne Zurücklegen, eines 1-1 optimales Matching und eines 1-2 optimales Matching jeweils mit Kaliper von einem Fünftel der Standardabweichung des Propensity Scores (=0.4) gezeigt. Die Ergebnisse eines Matching mit variabler Anzahl von Versuchs- und Kontrollbeobachtungen nach Hansen (2004) werden wegen der geringen Reduktion im Bias der Propensity Scores nicht präsentiert.

---

[31] Eine Beobachtung wurde ausgeschlossen, da im zweiten Fragebogen fast keine Frage beantwortet wurde

[32] Die Berechnug der PropensityScores und das NN-Matching wird mit dem Stata Modul psmatch2 durchgeführt (Leuven und Sianesi, 2003)

**Abbildung 10-2: Common Support nach Imputation**

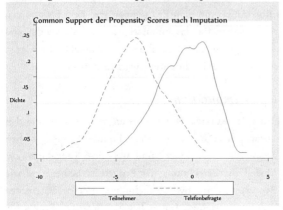

Tabelle 10-1zeigt die Reduktion des Bias in den Kovariaten und dem Propensity Score für die drei genannten Matching Verfahren. Die Biasreduktion des 1-1 Nearest Neighbor Matching und des 1-1 optimalen Matchings sind nahezu identisch, wobei das optimale Matching etwas bessere Biasreduzierungen erzielt. Ein standardisierter Bias von über 20% bleibt nur in der Kovariate „Wie gerne beschäftigen Sie sich mit finanziellen Angelegenheiten". Ansonsten sind fast alle Merkmale auf einem Niveau von unter 10% ausbalanciert. Das 1-2 Matching findet zwar immerhin für jeden Teilnehmer zwei Kontrollbeobachtungen innerhalb des Kalipers, aber der Bias der Propensity Score bleibt mit fast 20% sehr unausgeglichen, weshalb ein Outcome, der auf diesem Matching beruht, wahrscheinlich verzerrt sein wird und deshalb auf eine weitere Analyse dieser Variante verzichtet werden kann.

Aufgrund des besseren Ausgleichs im Bias der Kovariaten nach optimalem Matching werden die Treatment Effekte im Folgenden nur für das optimale Matching gezeigt. Die verbleibenden Unterschiede in den Kovariaten nach 1-1 optimalem Matching sind zudem alle nicht statistisch signifikant.

# Tabelle 10-1: Biasreduktion nach Imputation der Kovariaten

| Konfundierende Variablen | 1-1 NN Matching | | | 1-1 Optimal Matching | | 1-2 optimal Matching (Mahalanobis-Distanz) | |
|---|---|---|---|---|---|---|---|
| | % Bias vor Matching | % Bias Nach Matching | % Verringerung \|Bias\| | % Bias Nach Matching | % Verringerung \|Bias\| | % Bias Nach Matching | % Verringerung \|Bias\| |
| Alter | -15.6 | -6.5 | 58.3 | 2.4 | 84.7 | -10.0 | 35.7 |
| Alter² | -15.9 | -6.8 | 57.5 | 2.8 | 82.0 | -10.1 | 36.2 |
| Geschlecht | 22.7 | 12.6 | 44.2 | 10.0 | 56.0 | 8.6 | 61.9 |
| Verheiratet (Ja/Nein) | -4.1 | -10.1 | -148.8 | -5.0 | -22.3 | -4.8 | -19.0 |
| Kinder (Ja/Nein) | -46.4 | -7.6 | 83.7 | 5.0 | 89.3 | -11.1 | 76.1 |
| Abitur (ja/Nein) | 28.8 | 7.9 | 72.5 | 7.8 | 72.9 | 6.4 | 77.8 |
| (Fach-)Hochschulabschluss (Ja/Nein) | 39.6 | -1.1 | 97.2 | -3.6 | 90.8 | -1.1 | 97.1 |
| Arbeitstätig (Ja/Nein) | 46.6 | 4.3 | 90.8 | 4.3 | 90.9 | 1.9 | 96.0 |
| Sparverhalten (Skala 1-5) | -43.9 | 4.2 | 90.4 | 4.0 | 90.8 | 0.2 | 99.6 |
| Höhe der monatlichen Rücklagen (Skala 0-6) | -17.7 | 7.3 | 58.8 | 7.6 | 56.9 | -0.2 | 98.8 |
| Ausreichend laufende Rücklagen (Ja/Nein) | -97.1 | -1.8 | 98.1 | 1.0 | 99.0 | -6.1 | 93.8 |
| Beschäftigt sich gerne mit finanziellen Rücklagen (Ja/Nein) | -19.4 | 25.5 | -31.5 | 23.9 | -23.4 | 16.1 | 16.8 |
| Risikoaversion (Skala 0-10) | 14.5 | -15.8 | -9.3 | -15.1 | -4.5 | -14.7 | -1.2 |
| Plant für die Zukunft (Skala 0-10) | -25.7 | 1.5 | 94.2 | 0.9 | 96.3 | -1.1 | 95.7 |
| Besitzt zusätzliche Altersvorsorge (Ja/Nein) | -43.1 | 2.6 | 93.9 | 0.0 | 100 | 3.8 | 91.2 |
| Besitzt Immobilien (Ja/Nein) | -35.0 | 2.5 | 92.8 | 0.0 | 100 | 0.0 | 100 |
| Nettoeinkommen (Skala 1-8) | 73.5 | 2.9 | 96.1 | 4.7 | 93.6 | 11.2 | 84.7 |
| Haushaltsvermögen (Skala 1-12) | 13.4 | -1.2 | 90.7 | 2.3 | 83.0 | 2.8 | 78.9 |
| Haushaltsvermögen ² | 8.1 | -5.6 | 30.9 | -3.0 | 63.6 | -1.9 | 77.0 |
| Geschlecht_Risikoaversion | 20.9 | 6.7 | 68.1 | 4.1 | 80.4 | 6.7 | 67.8 |
| Lineare Propensity Score | 181.5 | 7.0 | 96.2 | 5.9 | 96.7 | 19.4 | 89.3 |
| Fallzahlen | | | | | | | |
| N außerhalb Common Support Region / Kaliper | | 29 | | 28 | | 27 | |
| N gematchte Teilnehmer | | 79 | | 80 | | 81 | |
| N gematchte Kontrollbeobachtungen | | 79 | | 80 | | 162 | |

# 11 Kausaleffekte nach Imputation

Da anhand der Erhebung für viele Variablen Kurseffekte zu ermitteln sind, werden die Ergebnisse in den folgenden Abschnitten thematisch unterteilt dargestellt. Der Kurseffekt ergibt sich aus dem Durchschnitt der Summe der individuellen Effekte und entspricht dem sample-average-treatment-effect (SATE) aus Abadie et al. (2004):

$$\frac{1}{N} \sum_{i=1}^{N} \{Y_i(1) - Y_i(0)\}$$

Damit lassen sich diese Effekte nur für Beobachtungen, bei denen beide kontrafaktische Ereignisse vorliegen, berechnen. Alternativ könnte man den Effekt auch als Differenz der Durchschnitte der Teilnehmer und der Kontrollgruppe berechnen, sodass Beobachtungen mit fehlenden Werten für $Y_i(1)$ oder $Y_i(0)$ mit in die Berechnung des Kurseffektes einfließen:

$$\bar{Y}(1) - \bar{Y}(0)$$

Diese Art der Berechnung ist vor allem für den Outcome der Beurteilung verschiedener Finanzmarktprodukte für die Altersvorsorge wichtig, da bei dieser Frage die Antwort „weiß nicht" häufig genannt wurde, denn Personen, die mit „weiß nicht" geantwortet haben, gehen nicht in die Berechnung des SATE ein. Wie aus Tabelle 11-1ersichtlich, sind die Unterschiede beider Berechnungen nur für einige Kategorien beim Outcome der Beurteilung verschiedener Finanzmarktprodukte überhaupt bemerkbar. Bei der Einschätzung zum Alterseinkommensziel jedoch gibt es deutliche Unterschiede, weil viele Werte aus der Kontrollgruppe fehlen.

In den nächsten Abschnitten werden die Kurseffekte thematisch sortiert dargestellt und am Ende in Tabelle 11-1zusammengefasst. Die Signifikanz der Ergebnisse und des Konfidenzintervalls in Tabelle 11-1wurde anhand von t-Statistiken des Unterschieds des Mittelwertes ermittelt. Dabei wird angenommen, dass der geschätzte Propensity Score der echte wäre. Indem man die Schätzeigenschaften der Propensity Scores ignoriert, wird die Varianz der Treatment Effekte überschätzt und die Konvidenzintervalle zu breit. Diese Angaben können demnach als konservative Richtwerte zur Orientierung dienen (Stuart 2010).

## 11.1 Beurteilung des persönlichen Wissens

Ein zentraler Punkt in der Altersvorsorge ist das eigene Wissen über verschiedene Geldanlagemöglichkeiten. So erhalten informierte Bankkunden eine bessere Beratung bei ihrer Bank und können sich besser für ihre Altersvorsorgeverträge entscheiden (Oehler 2009).

**Abbildung 11-1: Beurteilung des persönlichen Wissens (Kausaleffekte nach Imputation)**

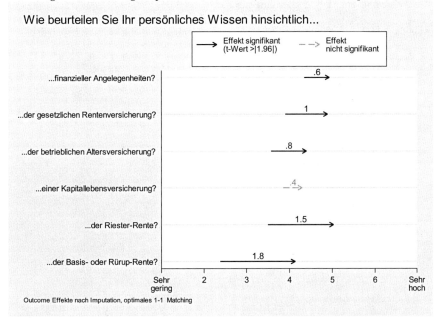

Wie beurteilen Sie Ihr persönliches Wissen hinsichtlich...

Die Teilnehmer schätzen ihr Wissen über alle Produktsparten hinweg höher ein als die vergleichbare Kontrollgruppe, wobei alle Unterschiede statistisch signifikant sind. Die stärksten Effekte gibt es bei der Basis- und Riester-Rente, der betrieblichen Altersvorsorge und auch der gesetzlichen Rentenversicherung. So steigt die Einschätzung des Wissens bei der Riester-Rente von „eher gering" auf „eher hoch". Damit fühlen sich die Teilnehmer aufgrund des Kurses besser informiert.

## 11.2 Beurteilung der Produkte zur Altersvorsorge

Die Teilnehmer wurden nach dem Kurs gebeten, ihre Meinung zu verschiedenen Altersvorsorgeprodukten anzugeben. Dabei stellte sich heraus, dass vor allem die Riester-Rente nach dem Kurs populärer ist als in der gematchten Kontrollgruppe. Die Meinung über die Riester-Rente ändert sich von weniger als mittelmäßig geeignet nach eher geeignet. Die gesetzliche Rentenversicherung nimmt in den Augen der Teilnehmer am zweitstärksten zu und wird nach dem Kurs als fast genauso gut wie die Riester-Rente eingestuft. Daher scheint sich durch den Kursbesuch das Vertrauen in die gesetzliche Rentenversicherung vergrößert zu haben. Die Bewertung des Sparbuches für die Altersvorsorge sinkt von fast 5 Punkten auf nur noch drei Punkte und wird durch den Kursbesuch als eher ungeeignet eingeschätzt.

**Abbildung 11-2: Beurteilung verschiedener Sparprodukte (Kausaleffekte nach Imputation)**

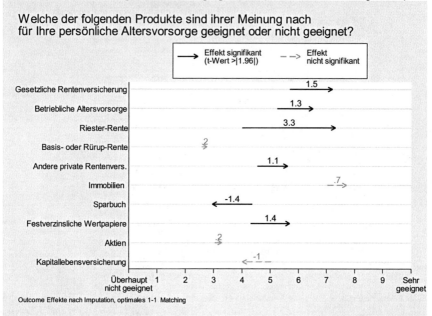

## 11.3 Motive für Sparen

Die Gründe, aus denen man sparen kann, ändern sich durch den Kursbesuch kaum. Signifikante Effekte gibt es nur in der Kategorie Vorsorge für das Alter und Ausbildung/Unterstützung für Kinderund Enkel. Die Vorsorge für das Alter ist vor und nach dem Kurs am wichtigsten und steigt durch den Kurs nochmal leicht bis auf fast neun Punkte der Skala an. Die Unterstützung der Kinder und Enkel nimmt an Wichtigkeit leicht ab.

**Abbildung 11-3: Gründe aus denen man sparen kann (Kausaleffekte nach Imputation)**

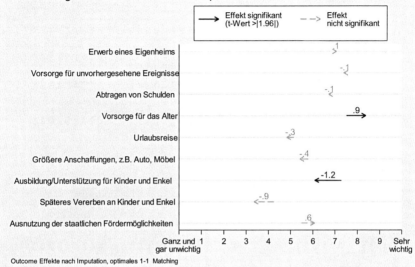

Im Folgenden sind einige Gründe aufgeführt aus denen man sparen kann.
Wie wichtig sind diese Gründe für Sie persönlich?

## 11.4 Übersicht über die Kurseffekte

Neben den schon beschriebenen Kurseffekten fasst Tabelle 11-1 die Effekte für das Einkommensziel im Alter zur Einschätzung der gesetzlichen Rente und zur Planung konkreter Maßnahmen zur Altersvorsorge zusammen.

Das Einkommensziel im Alter hat sich durch den Kursbesuch nicht verändert, ebenso
die Einschätzung, ob die gesetzliche Rente ausreichen wird, um im Alter angemessen
zu leben. Deutlich zeigt sich, dass der Kurs einen positiven Effekt auf die Planungsvorhaben der Teilnehmer hat. So liegt der Anteil derer, welcher eine konkrete Altersvorsorge plant, um 33 Prozentpunkte höher als in der gematchten Kontrollgruppe. Damit
planen über 30% der Teilnehmer, aufgrund des Kursbesuches eine konkrete Altersvorsorge zu beginnen. Der Kurs hat somit einen starken Anreiz auf die Teilnehmer, die
Altersvorsorge konkret beginnen zu wollen. Ob dieses Vorhaben auch in gleichem
Maße in die Tat umgesetzt wird, werden die Daten aus der Nachbefragung ergeben.

# Tabelle 11-1: Übersicht der Kurseffekte nach Imputation

| Outcome-Variable | Teilnehmer (nach Kursteilnahme) ungematcht 3) | Teilnehmer nach Matching 2) | Kontrollgruppe ungematcht 3) | Kontrollgruppe nach Matching | Differenz vor Matching 3) | $\hat{Y}(1)-\hat{Y}(0)$ | 1-1 Optimal Matching SATE | 95% Konfidenzintervall (SATE) | N SATE |
|---|---|---|---|---|---|---|---|---|---|
| **Wie beurteilen Sie ihr persönliches Wissen bezüglich... (Skala von 1 sehr gering bis 7 sehr hoch)** | | | | | | | | | |
| ... finanzieller Angelegenheiten? | 4.8 | 4.9 | 4.6 | 4.3 | 0.2 | 0.6 | .06*** | [0.21; 0.95] | 74 |
| ... der gesetzlichen Rentenversicherung? | 4.8 | 4.9 | 4.3 | 3.9 | 0.4 | 1.0 | 1.0*** | [0.49; 1.48] | 73 |
| ... der betrieblichen Altersvorsorge? | 4.2 | 4.4 | 3.8 | 3.5 | 0.4 | 0.9 | 0.8*** | [0.29; 1.36] | 70 |
| ... einer Kapitallebensversicherung? | 4.2 | 4.3 | 4.3 | 3.8 | -0.1 | 0.5 | 0.4* | [-0.06; 0.91] | 71 |
| ... der "Riester-Rente"? | 4.8 | 5.0 | 4.1 | 3.5 | 0.8 | 1.5 | 1.5*** | [1.0; 2.01] | 72 |
| ... der "Basis-Rente" oder der "Rürup-Rente"? | 4.1 | 4.1 | 2.9 | 2.4 | 1.2 | 1.7 | 1.8*** | [1.38; 2.33] | 58 |
| **Wenn Sie heute im Rentenalter wären, was denken Sie, wie viel Euro würden Sie monatlich netto (...) benötigen, um im Alter angemessen leben zu können?** | 1834 | 1777 | 1668 | 1818 | 167 | -77 | 145 | [-172; 465] | 38 |
| **Wie viele gesetzliche Rente ausreichen, um im Alter angemessen leben zu können? (Skala von 0 ja auf jeden Fall bis 10 nein, in keinem Fall)** | 6.4 | 6.3 | 6.5 | 6.7 | -0.1 | -0.4 | -0.4 | [-1.30; 0.47] | 75 |
| **Planen Sie künftig Maßnahmen zur Altersvorsorge (ja/Nein)** | 0.56 | 0.57 | 0.21 | 0.24 | 0.36 | 0.33 | 0.33*** | [0.00; 0.36] | 72 |
| **Welche der folgenden Produkte sind ihrer Meinung nach für die persönliche Altersvorsorge geeignet: (Skala von 0 überhaupt nicht geeignet bis 10 sehr geeignet)** | | | | | | | | | |
| Gesetzliche Rentenversicherung | 7.0 | 7.2 | 5.6 | 5.8 | 1.4 | 1.4 | 1.5* | [1.3; 3.40] | 69 |
| Betriebliche Altersvorsorge | 6.4 | 6.5 | 5.2 | 5.2 | 1.1 | 1.4 | 1.3** | [0.6; 3.10] | 66 |
| Riester-Rente | 7.0 | 7.3 | 4.1 | 3.9 | 2.9 | 3.3 | 3.3*** | [2.4; 4.59] | 64 |
| Basis- oder Rürup-Rente | 2.8 | 2.8 | 3.0 | 2.6 | -0.1 | 0.2 | 0.2 | [-1.6; 0.75] | 42 |
| Andere private Rentenversicherung | 5.6 | 5.5 | 4.9 | 4.6 | 0.7 | 0.9 | 1.1** | [0.02; 2.40] | 57 |
| Immobilien | 7.9 | 7.8 | 6.8 | 6.7 | 1.1 | 1.1 | 0.7 | [0.05; 2.38] | 66 |
| Sparbuch | 2.9 | 2.9 | 3.9 | 4.1 | -0.9 | -1.2 | -1.4*** | [-2.00; 0.19] | 69 |
| Festverzinsliche Wertpapiere | 5.7 | 5.6 | 4.1 | 4.4 | 1.6 | 1.2 | 1.4*** | [0.5; 2.58] | 65 |
| Aktien | 3.3 | 3.2 | 3.0 | 3.0 | 0.2 | 0.3 | 0.2 | [-0.86; 1.46] | 62 |
| Kapitallebensversicherung | 4.1 | 3.9 | 4.9 | 4.9 | -0.7 | -1.0 | -1.0* | [-1.77; 0.62] | 65 |
| **Sparmotive** | | | | | | | | | |
| Erwerb eines Eigenheims | 7.6 | 7.0 | 7.1 | 6.9 | 0.5 | 0.1 | 0.1 | [-1.03; 1.20] | 73 |
| Vorsorge für unvorhergesehene Ereignisse | 7.4 | 7.4 | 7.2 | 7.4 | 0.2 | 0.0 | -0.1 | [-0.76; 0.59] | 74 |
| Abtragen von Schulden | 6.4 | 6.7 | 7.2 | 6.8 | -0.9 | -0.1 | -0.1 | [-1.3; 1.19] | 70 |
| Vorsorge für das Alter | 8.3 | 8.4 | 7.9 | 7.5 | 0.4 | 0.9 | 0.9*** | [0.2; 1.47] | 75 |
| Urlaubsreise | 4.9 | 4.8 | 5.1 | 5.3 | -0.2 | -0.4 | -0.3 | [-1.3; 0.54] | 74 |
| Größere Anschaffungen, z.B. Auto, Möbel | 5.4 | 5.4 | 5.7 | 5.7 | -0.3 | -0.3 | -0.4 | [-1.05; 0.28] | 75 |
| Ausbildung/Unterstützung für Kinder und Enkel | 6.2 | 6.1 | 7.4 | 7.2 | -1.3 | -1.0 | -1.2** | [-2.00; -0.20] | 74 |
| Späteres Vererben an Kinder und Enkel | 3.7 | 3.4 | 4.7 | 4.2 | -1.0 | -0.8 | -0.9 | [-2.01; 0.23] | 73 |
| Ausnutzung der staatlichen Fördermöglichkeiten | 5.9 | 6.1 | 6.1 | 5.4 | -0.2 | 0.6 | 1.0 | [-0.45; 1.62] | 74 |

Signifikanzniveaus: *** p<0.01, ** 0.01<p<0.05, * 0.05<p<0.1

Anmerkungen: 1) einschließlich Beobachtungen außerhalb des Common Support
2) einschließlich Beobachtungen für die das Konterfaktual fehlt

## 11.5 Diskussion

In Kapitel 8.2 wurde das Problem der Endogenität bzw. der Kausalität diskutiert. In der Regressionsanalyse war es nicht möglich, die Richtung der Kausalität genau zu bestimmen. Planen Personen mit einer größeren Wahrscheinlichkeit, weil sie ein gutes subjektives oder objektives Wissen haben oder haben sie ein gutes Wissen, weil sie planen? Zur Lösung eines derartigen Problems gibt es zwei Möglichkeiten, zum einen ist es möglich eine Instrumentenvariablen Analyse durchzuführen und zum anderen ist eine Kausalanalyse ähnlich eines Experiments möglich, in der das Verhalten einer Untersuchungsgruppe mit einer Kontrollgruppe verglichen wird. Im Zuge des Projektes wurde die Möglichkeit geschaffen, unter Zuhilfenahme zweier Stichproben den zweiten Lösungsweg zu verfolgen. Bei der Analyse der Kurseffekte, welche ebenfalls den Effekt von rentenspezifischer Bildung auf das Altersvorsorgeverhalten messen, war es aufgrund der Selektivität der Kursteilnehmer nicht möglich. den kausalen Effekt des Kurses auf das Sparverhalten zu ermitteln. Das Problem bei der Analyse ist die kontrafaktische Situation, in welcher es unmöglich ist, zu beobachten, was die Teilnehmer getan hätten, hätten sie nicht am Kurs teilgenommen. Aus diesem Grund wurde ein Matchingverfahren gewählt, welches jedem Kursteilnehmer aus der Untersuchungsgruppe einen Befragten mit ähnlichen persönlichen Merkmalen aus der Kontrollgruppe zuordnet (vergl. Kapitel 9).

Mit Hilfe der gerade beschriebenen Analysemethode wurde herausgefunden, dass der Kurs zu signifikanten Veränderungen bei der Beurteilung des persönlichen Wissens geführt hat. Am stärksten verbesserte sich das Wissen zur „Basis-/Rürup-Rente", der „Riester-Rente", der betrieblichen Altersvorsorge und auch zur gesetzlichen Rentenversicherung. Ebenfalls auf den Kurs zurückzuführen ist das gestiegene Vertrauen in die „Riester-Rente" und die gesetzliche Rente, welche beide nach dem Kurs als geeigneter für die persönliche Altersvorsorge empfunden wurden als vor dem Kurs. In der Attraktivität gesunken ist die Nutzung des Sparbuches als Produkt zur persönlichen Altersvorsorge. Der Kurs führte hier nicht nur zu einer veränderten Wertschätzung verschiedener Produkte, sondern auch dazu, dass nach dem Kurs kaum noch eine Person die Frage nach der Geeignetheit verschiedener Produkte mit „weiß nicht" beantwortet hat. Ebenfalls hatte der Kurs einen deutlichen positiven Effekt auf das Planungsverhalten der Teilnehmer. Der Kurs und das Wissen, welches dort vermittelt wird, führen also dazu, dass Personen aufgrund des Kurses häufiger konkrete Planungen für die private Altersvorsorge vornehmen als Personen, die diesen Kurs nicht besucht haben. Der in Kapitel 8.2 vermutete Effekt des subjektiven und objektiven Wissens auf die Planungstätigkeit, welcher aufgrund des Endogenitätsproblems nicht genau herausgearbeitet werden konnte, kann hier bestätigt werden. Mithilfe der Kausalanalyse konnten ebenfalls die bereits beschriebenen deskriptiven Ergebnisse bestätigt werden, dass der Kurs beim Einkommensziel für das Altes und der Einschätzung ob die gesetzliche Rente ausreicht, um im Alter angemessen leben zu können, im Durchschnitt zu keinen signifikanten Veränderungen führt. Die Kursteilnehmer haben somit bereits vor dem Kurs eine realistische Einschätzung zu dem, was sie von der gesetzlichen Rente erwarten können.

Bei der Interpretation der Ergebnisse muss allerdings beachtet werden, dass es sich bei der Grundgesamtheit der Telefonbefragten, aus wessen Pool die Kontrollgruppe stammt, ebenfalls um eine selektive Gruppe handelt. Einige der Befragten nahmen laut der Interviewer am Interview teil, weil sie sich für das Thema Altersvorsorge interessieren. So gesehen ähneln die Telefonbefragten den Kursteilnehmern auch in diesem Punkt, da sich auch die Kursteilnehmer für die Thematik interessieren. Die gefundenen Effekte können somit nicht im Vergleich zur Gesamtbevölkerung gesehen werden.

# 12 Bewertung hinsichtlich der Hypothesen

Die folgende Bewertung stellt keine Ergebnisdiskussion des gesamten Berichts dar. Stattdessen werden hier lediglich die Ergebnisse in Bezug auf die im Theorieteil hergeleiteten5 Hypothesen diskutiert. Die Diskussion der sonstigen Ergebnisse befindet sich im unmittelbaren Zusammenhang mit der untersuchten Thematik am Ende des jeweiligen Kapitels.

Die Hypothesen 1 bis 4 zielen darauf ab, festzustellen, welche Merkmale die Wahrscheinlichkeit, an einem Kurs zur Altersvorsorge teilzunehmen, beeinflussen. In Hypothese 1 wird angenommen, dass Personen mit einer geringen Zeitpräferenzrate, sprich Personen mit einer geringen Vorliebe für den sofortigen Konsum im Gegensatz zum zukünftigen Konsum, mit einer größeren Wahrscheinlichkeit an einem Seminar teilnehmen als Personen mit einer hohen Zeitpräferenzrate. Hypothese 2 nimmt an, dass ein höheres Vermögen dazu führt, dass Personen an dem Seminar teilnehmen (return of investment groß), die Höhe des Arbeitseinkommens kann laut Hypothese 3 die Teilnahmeentscheidung sowohl positiv als auch negativ beeinflussen. Zudem nehmen laut Hypothese 4 Personen mit einer langen Lebenserwartung eher an einem Seminar teil als Personen mit einer geringen Lebenserwartung. Zunächst werden jetzt die Hypothesen 1 bis 4 in Bezug zur durchgeführten empirischen Untersuchung diskutiert. Danach steht die Prüfung der Hypothese 5 im Vordergrund.

Zum Testen der ersten vier Hypothesen stehen mehrere Möglichkeiten zur Verfügung. Zum einen ist es möglich, die Eigenschaften der Kursteilnehmer mit einer repräsentativen Stichprobe aus der Bevölkerung zu vergleichen, und zum anderen ist es möglich, die Daten der Telefonbefragung zur Analyse der potentiellen Kursteilnahme heranzuziehen. Als repräsentative Stichprobe zum Vergleich mit den Teilnehmern könnte der Mikrozensus dienen, welcher auch als Vergleichsmaßstab in Kapitel 5.1herangezogen wurde. Allerdings ist ein direkter Vergleich der Merkmale, welche für den Test der Hypothesen entscheidend sind, nicht möglich. Der Grund hierfür ist, dass weder das Einkommen noch die Zeitpräferenz oder die anderen Variablen in beiden Befragungen in gleicher Weise operationalisiert wurden. Variablen, die eine Vergleichbarkeit zuließen, aber für die Hypothesen irrelevant waren, zeigten, dass im Vergleich zum Mikrozensus besonders viele 50 bis 60 jährige an dem Kurs teilnahmen und der Bildungsstand überproportional hoch war. Da sich der Mikrozensus aufgrund der unterschiedlichen Operationalisierung als für die Hypothesentestung ungeeignet erweist, könnte man dazu übergehen, die Telefonstichprobe als repräsentative Stichprobe zum Vergleich heranzuziehen. Hier wurden die Zeitpräferenz und auch andere Variablen in der gleichen Weise gemessen wie in der Teilnehmerbefragung. Der Nachteil an dieser Befragung ist allerdings, dass sich herausgestellt hat, dass die Telefonstichprobe auch selektiv und kein Abbild der Bevölkerung ist. Aus diesem Grund wurde eine Gewichtung vorgenommen, welche Selektion abmildert. Somit wird von einem Vergleich zur Analyse der Kursteilnahme abgesehen und eine multivariate Analyse mit den Telefondaten durchgeführt (Kapitel 5.2).

Nachdem man in der Regression für diejenigen kontrolliert, die der Ansicht sind, bereits ausreichend vorgesorgt zu haben und/oder sich bereits gut über die Altersvorsorge informiert fühlen, gibt es kaum Variablen, welche die Teilnahmebereitschaft am Einstiegskurs signifikant beeinflussen. Die zum Test der ersten Hypothese aufgenommene Variable zur Approximation der Zeitpräferenz hat keinen signifikanten Einfluss auf die Teilnahme.[33] Auch der Austausch durch andere Variablen, welche als Maß für die Zeitpräferenz denkbar wären, ändert das Ergebnis nicht. Die Hypothese, dass Personen mit einer geringen Zeitpräferenz mit einer größeren Wahrscheinlichkeit am Seminar teilnehmen als Personen mit einer hohen Zeitpräferenz. kann hier nicht bestätigt werden. Natürlich sei auch hier erwähnt, dass die Zeitpräferenz ein komplexes Konstrukt ist und es möglicherweise bessere Approximationen gibt, welche mit Hilfe einer ganzen Fragebatterie erreicht werden können (siehe auch Kapitel 4.5). Ebenfalls nicht bestätigt wurde die Hypothese, dass ein höheres Vermögen eine höhere Teilnahmebereitschaft nach sich zieht. Es ist zu vermuten, dass das Wissen aus dem Kurs eine falsche Anlagestrategie für das Alter aufdecken könnte und damit besonders den Personen von Nutzen sein könnte, die einen hohen Betrag unvorteilhaft angelegt haben. Mögliche Erklärungen für die nichtbestätigte Hypothese sind zum einen, dass Personen mit einem hohen Vermögen ihr Geld nicht selbst verwalten, sondern Finanzberater dafür bezahlen, ihr Vermögen gewinnbringend anzulegen, und zum anderen, dass Personen mit einem hohen Vermögen ihre Versorgungslücke bereits geschlossen haben und sich somit keine Gedanken mehr über ihre Altersvorsorge machen müssen. Für letztere war also der Weg zur Altersvorsorge (Abbildung 2-1) bereits bei Schritt 3 beendet.

Hypothese 3 besagt, dass die Wirkung des Einkommens auf die Teilnahmewahrscheinlichkeit sowohl positiv als auch negativ sein könnte. Auf der einen Seite können Personen mit einem hohen Einkommen mehr Geld anlegen und somit einen größeren Nut-

---

[33] Frage zur Approximation der Zeitpräferenz: Inwieweit trifft folgende Aussage auf Sie zu: „Tätigkeiten, die greifbare und unmittelbare Resultate aufweisen, sind für mich wichtiger als Tätigkeiten, deren Resultate sich erst in ferner Zukunft einstellen"

zen aus dem Kurs ziehen als Personen mit einem niedrigen Einkommen. Auf der anderen Seite ist die Zeit, welche man für den Kurs aufbringen muss, für Personen mit einem hohen Einkommen aber ebenfalls mit höheren Opportunitätskosten verbunden als für Personen mit geringem Einkommen. Tatsächlich deutet das Regressionsergebnis auf eine Bestätigung der Hypothese hin. Das Einkommen hat keinen signifikanten Einfluss auf die Teilnahmeentscheidung. Grund hierfür könnte der gegenläufige Effekt des Einkommens sein, welcher dazu führt, dass der Koeffizient nicht signifikant von Null verschieden ist.

Laut Hypothese 4 hat das zu erwartende Lebensalter einen positiven Einfluss auf die Teilnahme, da die Rendite aus Altersvorsorgeverträgen mit dem Lebensalter steigt. Die Analyse der Telefonbefragten hat jedoch ergeben, dass das erwartete Lebensalter der Betroffenen bei der Entscheidung, an einem Kurs teilzunehmen, eher keine Rolle zu spielen scheint.

In Hypothese 5 geht es darum, dass Personen unterschiedlich viel zukunftsorientiertes Kapital besitzen. Das bedeutet, dass einige Personen eine bessere Vorstellungskraft der Zukunft haben als andere. Nun wird in der Hypothese angenommen, dass sich das Sparverhalten durch einen Kurs zur Altersvorsorge bei denen stärker ändern wird, die vor dem Kurs besonders wenig zukunftsorientiertes Kapital besaßen. Der Kurs verhilft diesen Personen sich ein realistischeres Bild über die finanziellen Bedürfnisse im Alter und die zur Vorsorge zur Verfügung stehenden Produkte zu machen. Der Besuch des Kurses ist im Sinne von Becker und Mulligan (1997)eine Investition in zukunftsorientiertes Kapital, die dazu führen kann, dass sich die Zeitpräferenzrate verringert. Der Teilnehmer wird dem Konsum in der Zukunft also einen größeren Nutzen beimessen als vor dem Kurs. Dieses hätte der Hypothese nach zur Folge, dass sich die Altersvorsorgespartätigkeit erhöht.

Das zukunftsorientierte Kapital der Befragten vor dem Kurs kann durch verschiedene Variablen abgebildet werden. Diese sind das subjektive und das objektive Wissen der Kursteilnehmer sowie die Frage, ob sich die Teilnehmer bereits darüber Gedanken gemacht haben, wie viel Geld sie im Alter benötigen werden, und eine Approximation der Zeitpräferenz. Rein deskriptiv betrachtet kann man, insbesondere beim objektiven Wissen und den Gedanken, die sich jemand bereits gemacht hat, feststellen, dass diejenigen, die sich vor dem Kurs keine Gedanken gemacht haben und ein eher schlechtes objektives Wissen bezüglich der Altersvorsorge besitzen, häufiger nach dem Kurs konkrete Planungen für einen private Altersvorsorge vornehmen als Personen, die sich Gedanken gemacht haben oder mehr Wissen (vergl. Kapitel8.2). Dieses bestätigt zunächst die Hypothese. Erweitert man die Analyse allerdings um demografische und weitere Faktoren, verliert das zukunftsorientierte Kapital seinen Einfluss auf das Planungsverhalten. Lediglich die Zeitpräferenz ist signifikant, jedoch nicht mit der postulierten Wirkungsrichtung. Denn im Modell steigt die Wahrscheinlichkeit der Planung für diejenigen mit einer a priori niedrigen Präferenz für die Gegenwart an.

# 13 Schlussfolgerungen

Aufgrund der Rentenreform und der damit verbundenen Rentenkürzungen gibt es die Notwendigkeit, privat Altersvorsorge zu betreiben. Dazu bietet der Staat geförderte Produkte an. Viele stehen jetzt zum ersten Mal vor der Entscheidung über den Abschluss einer privaten Altersvorsorge. Der Kurs „Altersvorsorge macht Schule" soll den Teilnehmern bei der Entscheidung des geeigneten Sparprodukts helfen und eine Orientierung über die Anlagemöglichkeiten geben, sodass die Teilnehmer in die Lage versetzt werden selbstständig die richtige Altersvorsorgeentscheidung zu treffen. Dieser Bericht stellt eine Evaluation des Kurses da, mit der Hauptzielsetzung, zu ermitteln, welchen Einfluss der Kurs und damit das finanzielle Wissen bezüglich der Altersvorsorge auf das Sparverhalten der Teilnehmer hat.

Die durchgeführte Kausalanalyse mit Hilfe des Propensity Score Matchings ermittelt, wie sich die Kursteilnehmer verhalten hätten, hätten sie nicht am Kurs teilgenommen, sprich der Kurseffekt wird isoliert. Es ist allerdings anzumerken, dass aufgrund der starken Selektion der Kursteilnehmer keine Rückschlüsse auf die Allgemeinheit gezogen werden. Viele der deskriptiv dargestellten Ergebnisse konnten in der Kausalanalyse bestätigt werden. Die ermittelten Kausaleffekte zeigen, dass neben dem finanziellen Wissen auch die Wahrnehmung der unterschiedlichen Altersvorsorgeprodukte sowie die Planung zur Altersvorsorge zu einem großen Teil durch den Kursbesuch in die beabsichtigte Richtung verändert werden konnten. Insbesondere im Hinblick auf einen politisch gewollten Anstieg an Riester-Sparern scheint der Kurs eine geeignete Maßnahme zu sein, denn es kann aufgrund der zur Verfügung stehenden Daten gesagt werden, dass der Kurs dazu beiträgt, die Beurteilung der Riester-Rente zu verbessern. Durch den Anstieg des finanziellen Wissens ist auch zu erwarten, dass die Teilnehmer eine individuell bessere Wahl der Sparprodukte treffen können und ihre Produktwahl immer wieder überprüfen und rechtzeitig den Marktbedingungen anpassen, um dadurch ihre Renditechancen zu vergrößern.

Ebenfalls fühlen sich die Kursbesucher besser informiert und können selbstbewusster in Kundengespräche mit Finanzberatern gehen. Schließlich führt der Kurs auch dazu, den Erwerb einer zusätzlichen Altersvorsorge zeitnah anzugehen, während in der parallel durchgeführten Telefonbefragung die Umsetzung der Altersvorsorgeplanung gern weiter als ein Jahr hinausgeschoben wird. Von denen, die planten innerhalb eines Jahres die Planungen in die Tat umzusetzen, taten dies allerdings lediglich 37% der Telefonbefragten und 43% der Kurseilnehmer. Als Grund für die nicht-Umsetzung wurde häufig der Geldmangel genannt, welcher allerdings bei den Kursteilnehmern nicht durch das Haushaltseinkommen zu erklären ist.

Zusammenfassend ist festzustellen, dass der Kurs „Altersvorsorge macht Schule" seine Ziele erfüllt. Der Kurs war für den überwiegenden Teil der Teilnehmer eine geeignete Hilfe zur Altersvorsorgeplanung. Die Geeignetheit verschiedener Vorsorgemöglichkeiten konnte nach dem Kurs besser eingeschätzt werden, es konnte beurteilt werden, ob die bisherigen Sparanstrengungen ausreichen, und im Falle eines vermehrten Vorsorgebedarfs wurde die Deckung dieses Bedarfs bereits im kommenden halben Jahr geplant, während die Telefonbefragten die Umsetzung ihrer Altersvorsorgeplanung gerne länger als ein Jahr hinausschieben. An Inhalt und Länge des Kurses sowie der Qualität der Referenten besteht demnach kein Verbesserungsbedarf.

Trotz der guten Beurteilung des inhaltlichen Aspektes des Kurses gibt es doch auch einige Probleme, die es in Zukunft zu lösen gilt. Die drei Probleme, die aus diesem Bericht hervorgehen, sind:

1.  Die selektive und auch geringe Teilnahme an den Volkshochschulkursen. Ziel ist es, die Personen zu erreichen, die besonders stark von dem sinkenden Rentenniveau betroffen sind. Hierzu zählen Frauen, Personen mit geringer Bildung und geringem Einkommen sowie jüngere Personen (unter 50 Jahre).

2.  Planungen am Ende des Kurses werden zu einem großen Teil nicht in die Tat umgesetzt.

3.  Viele Personen geben an, nicht für das Alter vorzusorgen, weil sie kein Geld zum Sparen übrig haben.

Zum Abschluss dieses Berichts sollen nun Handlungsmöglichkeiten aufgeführt werden, welche es ermöglichen, die oben genannten Problematiken zumindest abzumildern.

Die Frage, die hier zunächst beantwortet werden soll, ist, wie man mehr Personen dazu motivieren kann, an einem Kurs zur Altersvorsorge teilzunehmen. Die Telefonbefragung hatte ergeben, dass der häufigste Grund, nicht an dem Kurs teilzunehmen, obwohl er nützliches Wissen vermitteln könnte, der Zeitmangel ist. Die Analyse der Telefonbefragung hat ebenfalls gezeigt, dass wesentlich mehr Personen bereit waren, am Einstiegskurs teilzunehmen als am Intensivkurs, was mit dem Zeitmangel zu begründen sein könnte. Das heißt, dass der Einstiegskurs für viele den ersten Kontakt mit der eigenen Altersvorsorge darstellt. Dieser Kurs wird dann entscheidend dafür sein, ob die Teilnehmer sich weiter mit dem Thema auseinandersetzen möchten und sich für einen Intensivkurs „Altersvorsorge macht Schule" einschreiben oder nicht. Da das Interesse an dem Einstiegskurs laut der Telefonbefragung sehr groß ist, ist zu überlegen, ob man das Kursangebot noch ausweiten kann. Dieses könnten Kurse in Unternehmen oder in anderen Einrichtungen wie zum Beispiel dem Arbeitsamt oder dem Abschlussjahrgang in Schulen oder Universitäten sein.

Weiterhin ist zu vermuten, dass eine gezielte Ansprache von bestimmten Personengruppen die Werbung für den Kurs effektiver macht. Whitehouse (2000) schlägt vor, den Kurs dort anzubringen, wo für Individuen ein neuer Lebensabschnitt beginnt. Das könnte zum Beispiel der Jobeinstieg, Arbeitsplatzwechsel, die Geburt eines Kindes, die Hochzeit oder Ähnliches sein. Laut Whitehouse (2000) sind Personen gerade in diesen Phasen besonders offen für Ratschläge und Veränderungen. Da die Seminare sehr breit und ausführlich angelegt sind, bedarf es selbst für diese zielgruppenorientierten Seminare kaum bis keiner Veränderungen an den Seminarunterlagen. Es wäre schon ausreichend, wenn die Seminarleiter auf die Aspekte der privaten Altersvorsorge, die die bestimmte Personengruppe betreffen, etwas ausführlicher eingehen.

Nun löst die Zielgruppenorientiertheit noch nicht das Zeitproblem der potentiellen Kursteilnehmer. Zu diesem Problem werden nun zwei Lösungswege aufgezeigt. Personen, die gerade die Arbeit bei einem neuen Arbeitgeber antreten, sollte ein Altersvorsorgeseminar beim Arbeitgeber angeboten werden, welches den zeitlichen Aufwand minimiert und soweit es während der Arbeitszeit stattfindet sogar mit gar keinem zusätzlichen Zeitaufwand verbunden ist. Tatsächlich gibt es dieses Angebot für Unternehmen schon seit vielen Jahren. Auf Wunsch bieten Referenten der Rentenversicherung Veranstaltungen zu verschiedenen Themen der Altersvorsorge in Unternehmen an. Diese Veranstaltungen haben in der Regel einen zeitlichen Rahmen von 20 Minuten bis drei Stunden. Dieses Angebot könnte noch ausgebaut werden, indem zum einen auch längere Seminare (ähnlich des Kurses „Altersvorsorge macht Schule") in den Unternehmen angeboten werden und zum anderem indem die Kurse in Unternehmen durch Öffentlichkeitsarbeit seitens der Rentenversicherung beworben werden. Altersvorsorgeseminare in Unternehmen reduzieren nicht nur die zeitlichen Opportunitätskosten der Teilnehmer, sondern führen ebenfalls dazu, dass je nach Unternehmen und Branche gezielt bestimmte Personengruppen angesprochen werden können.

Nicht nur für die Arbeitnehmer sind Altersvorsorgeseminare sinnvoll, auch der Arbeitgeber profitiert. Entscheiden sich mehr Arbeitnehmer für die betriebliche Altersvorsorge im Rahmen der Entgeltumwandlung, spart der Arbeitgeber Sozialbeiträge. Des Weiteren ist es möglich, dass das soziale Engagement des Arbeitgebers in Form der Altersvorsorgeseminare das Gefühl der Verbundenheit zum Unternehmen stärkt.

Ein weiterer neuer Lebensabschnitt, und zwar der mit Kindern, könnte im Rahmen des Kurses „Altersvorsorge macht Schule" ebenfalls gesondert angesprochen werden. Gerade junge Eltern in Elternzeit leiden aufgrund des fordernden Nachwuchses und des nun größeren Haushalts oft unter Zeitmangel. Diesen jungen Müttern und Vätern könnte man in einer Pilotphase Vormittagskurse zusammen mit Kind anbieten. Idealerweise gibt es ehrenamtliche Betreuungspersonen, die sich während des Kurses in einem Nebenraum um den Nachwuchs kümmern. Ein auf die Zielgruppe junge Eltern gerichteter Kurs wirkt nicht nur dadurch attraktiv, dass man das Kind mitbringen kann, sondern auch dadurch, dass man sich über Erfahrungen mit Gleichgesinnten austauschen kann.

Nicht ganz einfach ist es für viele, die Planungen in die Tat umzusetzen. Aus den verschiedensten Gründen wird die Umsetzung immer weiter aufgeschoben. Individuen, die während des Kurses feststellen, dass sie eine zusätzliche Altersvorsorge abschließen sollten, sollten bereits während des Kurses stärker dazu animiert werden, sich konkrete Angebote machen zu lassen. Hierbei sollte dann auch das „Checkheft Altersvorsorge" zum Einsatz kommen, welches die wichtigsten Informationen für den Vertragsabschluss Schritt für Schritt kurz und übersichtlich darstellt. Lusardi, Keller und Keller (2009) fanden heraus, dass eine Anleitung mit sieben Schritten zur betrieblichen Altersvorsorge die Anzahl der Vertragsabschlüsse signifikant steigern konnte. Sind die Kursteilnehmer sich über die Qualität der Produkte unsicher, ist es sinnvoll, sie direkt an die Verbraucherzentrale zu verweisen, welche die Angebote gegen einen Unkostenbeitrag prüft. Hat der Kursteilnehmer erst einmal diese Schritte in der Altersvorsorgeplanung vorgenommen, sind die zusätzlichen Kosten des Vertragsabschlusses nur noch marginal, sodass die Wahrscheinlichkeit des Aufschiebens der Entscheidung sinkt.

Personen, denen nur geringe finanzielle Mittel zur Verfügung stehen, können auch Personen mit geringem Einkommen sein. Dieses kann dadurch begründet sein, dass eine Person noch jung ist und somit gerade ins Berufsleben startet, eine Person Teilzeit arbeitet oder eine Person aufgrund der geringen beruflichen Qualifikation ein geringes Gehalt erhält. Hier können Rechenbeispiele zeigen, dass man auch mit geringen regelmäßigen Sparbeiträgen ein im Vergleich zu den eigenen Sparbeiträgen hohes Altersvermögen erwirtschaften kann. Wichtig ist es, dass sich die Personen erst einmal dazu überwinden, mit dem Sparen zu beginnen. Die Sparbeiträge aufstocken können die Personen später immer noch. Allerdings sollte man in diesem Zusammenhang auch die Anrechnung des Altersvermögens auf die Grundsicherung ansprechen.

Eine weitere Möglichkeit, dem Geldmangel entgegenzuwirken, wäre, die Kursteilnehmer zur Führung eines Haushaltsbuches zu animieren, um möglicherweise unnötige oder weniger wichtige Ausgaben zu erkennen und zugunsten der privaten Altersvorsorge zu reduzieren. Bei der Einschätzung, welche Ausgaben reduziert werden können, könnten auch Schuldnerberater oder ähnliche Dienste konsultiert werden. Für viele Personen mit geringem Einkommen kann bereits 20 Euro für den Kurs „Altersvorsorge macht Schule" zu viel sein, sodass sie diesen Kurs gar nicht erst besuchen. Auf lange Sicht gesehen wäre es sicherlich für den Staat günstiger, Personen mit geringem Einkommen nach erfolgreichem Abschluss des Kurses die Gebühr zu erstatten, anstatt mit Sozialleistungen für ein inadäquates Sparverhalten aufkommen zu müssen. Ähnliche Überlegungen wären auch in Bezug auf die kostenpflichtige Beratung bei den Verbraucherzentralen sinnvoll. Hier kann die Beratung, wie auch die Beratung bei Schuldnerberatern, wesentlich umfassender sein und schon während des Erwerbslebens dazu führen, dass Geld effizient eingesetzt und eine mögliche Überschuldung vermieden wird.

Nun sei zusammenfassend noch angemerkt, dass der Kurs bei denen, die diesen besuchen, zu den intendierten Veränderungen führt. Dennoch wurden im Rahmen des Berichts drei Problemfelder konkretisiert und mögliche Lösungswege soeben umschrieben. Das erste und zunächst wichtigste Problem ist die sinkende und selektive Teilnehmerzahl. Um dieser Entwicklung entgegenzuwirken, können die oben genannten Vorschläge am besten durch eine breite Vernetzung der regionalen Rentenversicherungsträger mit Arbeitgebern, Verbraucherzentralen, Schuldnerberatern, Arbeitsagenturen und anderen Akteuren verwirklicht werden.

# 14 Literaturverzeichnis

Abadie, A.; Drukker, D.; Herr, J. L.; Imbens, G. W. (2004): Implementing matching estimators for average treatment effects in Stata. In: Stata Journal 4 (3), S. 290-311(22).

Arrondel, L. (2009): "My Father Was Right": The Transmission of Values between Generations. In: PSE Working Papers.

Arrondel, L.; Masson, A. (2005): Risk and time preferences: Saver types. In: PSE Working Papers.

Becker, G. S.; Mulligan, C. B. (1997): The Endogenous Determination of Time Preference. In: The Quarterly Journal of Economics, 112, S. 729–758.

Bernheim, B. D. (1994): Personal Saving, Information, and Economic Literacy: New Directions for Public Policy: Tax Policy for Economic Growth in the 1990's (American Council for Capital Formation).

Bernheim, B. D.; Garrett, D. M. (2003): The Effects of Financial Education in the Evidence from a Survey of Households. In: Journal of Public Economics 87, S. 1487-1519.

Bigalke, S. (2009): Ein kleiner Generationenvertrag. In: Süddeutsche Zeitung, 3 Nov. Online verfügbar unter http://www.gemeinsam-aktiv.de/mm/Artikel_Suddeu tsche_Zeitun_Generationenhilfen.pdf, zuletzt geprüft am 26. Aug 2012.

Börsch-Supan, A.; Coppola, M.; Essig, L. et al. (2008): The German SAVE study : Design and Results. Mea studies, 06.

Börsch-Supan, A.; Gasche, M. (2010): Kann die Riester-Rente die Rentenlücke in der gestzlichen Rentenversicherung schließen? Mannheimer Forschungsinstitut Ökonomie und demographischer Wandel (Mannheim) (Discussion Paper Series, 201-10).

Bundesministerium für Arbeit und Soziales (2006): Nationaler Strategiebericht Alterssicherung 2005. Online verfügbar unter http://www.bmas.de/coremedia/gene rator/9932/nationaler_strategiebericht_alterssicherung_2005.html, zuletzt geprüft am 26. Aug 2012.

Bundesministerium für Arbeit und Soziales (BMAS) (2011). Online verfügbar unter http://www.altersvorsorge-macht-schule.de, zuletzt geprüft am 26. Aug 2012.

Caliendo, M.; Kopeinig, S. (2008): Some Practical Guidance for the Implementation of Propensity Score Matching. In: Journal of Economic Surveys 22 (1), S. 31-72.

Canada Life (2007): Ergebnisse TNS-Emnid-StudieAltersvorsorge 2007.

Clark, R. L.; Ambrosio, M. B. d', McDermed, A. A. et al. (2006): Retirement Plans and Saving Decisions: The Role of Information and Education. In: Journal of Pension Economics and Finance 5 (1), S. 45–67.

Commerzbank (2003): "Bildungsnotstand in Finanzfragen": Commerzbank-Studie deckt erhebliche Wissensdefizite der Deutschen auf. Online verfügbar unter https://www.commerzbank.de/de/hauptnavigation/presse/archiv_/presse_mitteil ungen/2003/quartal_03_02/presse_archiv_detail_03_02_1265.html, zuletzt geprüft am 26. Aug 2012.

D'Agostino, R. B.; Rubin, D. B. (2000): Estimating and Using Propensity Scores with Partially Missing Data. In: Journal ofthe American Statistical Association 95 (451), S. 749–759.

Deutsche Rentenversicherung Bund (2008): Handbuch und Arbeitsunterlage. Altersvorsorge macht Schule. (Berlin Wilmersdorf).

Diekmann, A. (2010): Empirische Sozialforschung: Grundlagen, Methoden, Anwendungen (Rororo Rowohlts Enzyklopädie, 55678; Orig.-Ausg., vollst. überarb. und erw. Neuausg., 4. Aufl., Reinbekbei Hamburg: Rowohlt-Taschenbuch-Verl.).

Duflo, E.; Saez, E. (2003): The Role of Information and Social Interactions in Retirement Plan Decisions: Evidence from a Randomized Experiment. In: Quarterly Journal of Economics, 2003, S. 815–842.

Fisher, I. (1974): The theory of interest: As determined by impatience to spend income and opportunity to invest it (Clifton: A.M. Kelley).

Frommert, D. (2008): Zur Evaluation der Bildungskampagne "Altersvorsorge macht Schule". In: DRV Schriftenreihe, 2008, S.327–342.

Gerken (2012): E-Mail. Stichprobenverfahren Mikrozensus.

Geyer, J.; Steiner, V. (2010): Künftige Altersrenten in Deutschland: Relative Stabilität im Westen, starker Rückgang im Osten. In: DIW Wochenbericht 77 (11), S.2–11.

Guo, S.; Fraser, M. W. (2010): Propensity score analysis. Statistical Methods and Applications. Los Angeles, Calif: Sage (Advanced quantitative techniques in the social sciences, Vol. 11).

Hansen, B. B. (2004): Full Matching in an Observational Study of Coaching for the SAT. In: Journal of the American Statistical Association 99 (467), S. 609–618.

Harder, V. S.; Stuart, E. A.; Anthony, J. C. (2008): Adolescent Cannabis Problems and Young Adult Depression: Male-Female Stratified Propensity Score Analyses. In: American Journal ofEpidemiology 168 (6), S. 592–601.

Heidler, M. (2009): Reformen der gesetzlichen Rentenversicherung. Politisches Risiko und intergenerative Umverteilung. Univ., Diss.--Freiburg (Breisgau), 2008. Frankfurt am Main: Lang (Sozialökonomische Schriften, 37).

Heien, T.; Kortmann, K. (2003): Spar- und Anlageverhalten privater Haushalte (SAVE II). Methodenbericht. In: Infratest Sozialforschung, 2003.

Hippel, P. T. von (2007): Regression withMissingYs: An ImprovedStrategyforAnalysing-MultiplyImputed Data. In: Sociological Methodology 37 (1), S. 83–117.

Hippel, P.T. von (2009): How to Impute Interactions, Squares and other Transformed Variables. In: Sociological Methodology 39 (1), S.265–291.

Ho, D. E.; Imai, K.; King, G.; Stuart, E. A. (2007): Matching as Nonparametric Preprocessing for Reducing Model Dependence in Parametric Causal Inference. In: Political Analysis 15 (3), S. 199–236.

Honekamp, I. (2011): Die Deutschen und die Entscheidung zur privaten Altersvorsorge. In: Ada Raev, Margarete Wagner-Braun und Iris Hermann (Hrsg.): Beiträge Bamberg Nachwuchswissenschaftlerinnen. Forschende Frauen in Bamberg, Bd.4. Bamberg: University of Bamberg Press (Kolloquium 2011, 4).

Honekamp, I. (2012): Financial Literacy and Retirement Savings in Germany: Theoretical Framework and Hypothesis. Manuscript Dissertation (Universität Bamberg).

Honekamp, I.; Schwarze, J. (2010): Pension Reforms in Germany: Have They Changed Savings Behaviour?, In: Pensions: An International Journal, 2010 S. 214–225.

Kopp-Wichmann, R. (2010): Wie 113 Senioren das Problem Pflegenotstand gelöst haben, Jetzt länger leben. Von der Midlife-Krise zum intelligenten Älterwerden, 20 Apr. Online verfügbar unter http://www.jetzt-laenger-leben.de/?p=439, zuletzt geprüft am 26. Aug 2012.

Leuven, E.; Sianesi B. (2003): PSMATCH2: Stata module to perform full Mahalanobis and propensity score matching, common support graphing and covariate imbalance testing. Online verfügbar unter http://ideas.repec.org/c/boc/bocode/s432001.html, zuletzt geprüft am 26. Aug 2012.

Little, R. J. A.; Rubin, D. B. (2002): Statistical analysis with missing data (2nd ed., Hoboken, N.J: Wiley).

Lusardi, A. (2004): Savings and the Effectiveness of Financial Education. In: Mitchell, O. S.; Utkus S. (Hrsg.): Pension Design and Structure: New Lessons from Behavioral Finance. Oxford: Oxford University Press, S. 157-184.

Lusardi, A. (2008): Household Saving Behavior: The Role of Financial Literacy, Information, and Financial Education Programs.

Lusardi, A.; Keller, P.; Keller, A. M. (2009): New Ways to Make People Save: A Social Marketing Approach. In: NBER Working Papers, 2009. Online verfügbar unter http://ssrn.com/paper=1344696, zuletzt geprüft am 26. Aug 2012.

Lusardi, A.; Mitchell, O. S. (2007): Financial Literacy and Retirement Preparedness: Evidence and Implications for Financial Education. In: Business Economics, 42, S. 35–44.

Lusardi A.; Mitchel O.S. (2008):Planning and Financial Literacy: How Do Women Fare? S. 413–417.

Maki, D. M. (2004): Financial Education and Private Pensions, In: Gale, W. G.; Shoven, J. B.; Warshawsky, M. J. (Hrsg.): Private Pensions and Public Policies, The Brookings Institution, Harrisonburg, S. 126–45.

Mitra, R.; Reiter, J. P. (2011): A comparison of two methods of estimating propensity scores after multiple imputation. Southampton Statistical Sciences Research Institute, University of Southampton (S3RI Methodology Working Papers, M11/05).

Modigliani, F.; Brumberg, R. (1954): Utility analysis and the consumption function: An interpretation of cross-section data. Post-Keynesian Economics 388, S. 436.

Oehler, A. (2009): Alles „Riester"? Die Umsetzung der Förderidee in der Praxis. Gutachten im Auftrag des Verbraucherzentrale Bundesverbandes e.V.

Organisation for Economic Cooperationand Development, OECD (2005): Improving Financial Literacy: Analysis of Issues and Policies. (Paris and Washington, D.C.).

Reifner, U., Tiffe, A.; Turner, A. (2003): Vorsorgereport. Private Alterssicherung in Deutschland (Gütersloh: Bertelsmann Stiftung).

Rooij van, M., Lusardi, A.; Alessie, R. (2011): Financial Literacy and Stock Market Participation. In: Journal of Financial Economics 101 (2), S. 449–472.

Rosenbaum, P. R.; Rubin, D. B. (1983): The Central Role of the Propensity Score in Observational Studies for Causal Effects. In: Biometrika 70 (1), S. 41–55.

Rosenbaum, P. R.; Rubin, D. B. (1985): Constructing a Control Group Using Multivariate Matched Sampling Methods that incorporate the Propensity Score. In: The American Statistician 39 (1), S. 33–38.

Rosenbaum, P. R.; Rubin, D. B. (1984): Reducing Bias in Observational Studies Using Subclassification on the Propensity Score. In: Journal of the American Statistical Association 79 (387), S. 516–524.

Rubin, D. B. (2001): Using Propensity Scores to Help Design Observational Studies: Application to the Tobacco Litigation. In: Health Services & Outcomes Research Methodology 2, S. 169–188.

Rubin, D. B. (1996): Multiple Imputation after 18+ Years. In: Journal of the American Statistical Association 91 (434), S. 473–489.

Rubin, D. B.; Thomas, N. (1996): Matching Using Estimated Propensity Scores: Relating Theory to Practice. In: Biometrics 52 (1), S. 249–264.

Schiekiera, K. (2011): Jung und Alt unter einem Dach. In: Berliner Morgenpost, 19 Nov. Online verfügbar unter http://www.morgenpost.de/printarchiv/immobilien/article1831505/Jung-und-Alt-unter-einem-Dach.html, zuletzt geprüft am 26. Aug 2012.

Schmähl, W. (2008): Privatvorsorge und Altersarmut. In: SozialeSicherheit1.

Stuart, E. A. (2010): Matching Methods for Causal Inference: A Review and a Look Forward. In: Statistical Science 25 (1), S. 1–21.

Stuart, E. A.; Rubin, D. B. (2008): Best Practices in Quasi-Experimantal Designs. Matching Methods for Causal Inference. In: Jason W. Osborne (Hg.): Best practices in quantitative methods. Los Angeles, Calif.: Sage Publ., S. 155–176.

UCLA (2007): Academic Technology Services, S. C. G.: Statistical Computing Seminars: Multiple Imputation in STATA. Online verfügbar unter http://www.ats.ucla.edu/stat/stata/seminars/missing_data/mi_in_stata_pt1.htm, zuletzt geprüft am 26. Aug 2012.

Wagstaff, D. A.; Kranz, S.; Harel, O. (2009): A preliminary study of active compared with passive imputation of missing body mass index values among non-Hispanic white youths. In: American Journal of Clinical Nutrition 89 (4), S. 1025–1030.

Werner, C. (2009): Verbraucherbildung und Verbraucherberatung in der Altersvorsorge. Univ., Diss. Bamberg, 2009. 1. Aufl. Wiesbaden: Gabler.

Whitehouse, E. (2000): Pension Reform, Financial Literacy and Public Information: A Case Study of the United Kingdom. In: Social Protection Discussion Paper, 2000.

# Anhang

## Fehlende Werte der Telefonbefragungen

| generiert | 1. KB original | 2. KB original | 3. KB original | 1. TB original | 2. TB original | | Beschreibung |
|---|---|---|---|---|---|---|---|
| wirtschule | | | | a07 | | binär | Wirtschaftsunterricht in Schule Ja/Nein |
| zeitwirtschule | | | | a08 | | ordinal | Dauer Wirtschaftsunterricht in der Schule viel - wenig |
| gernfinanz | fi9 | | | a09 | ti9 | ordinal | von (i) sehr gern bis (4) ungern |
| keinezeit | | | | a10 | | ordinal | Zeit für finanzielle Angelegenheiten |
| zukwirtschaft | | v33_a | | e47a | | ordinal | Zukunft wirtschaftliche Situation |
| zeitpräfdringend | f20_a | v35_a | | e49a | t26a | ordinal | Zeitpräferenz: Kümmere mich lediglich um dringende Angelegenheiten, 0:nicht zutreffen 10:zutreffend |
| zeitpräfresultat | f20_b | v35_b | | e49b | t26b | ordinal | Zeitpräferenz: Tätigkeiten mit greifbaren Resultaten wichtiger, 0:nicht zutreffen 10:zutreffend |
| risikogeld | f20_c | v35_c | | e49c | t26c | ordinal | Geldanlage mit garantierter Rendite wichtiger, als Risiko für hohe Rendite, 0:nicht zutreffen 10:zutreffend |
| plantzukunft | f20_d | v35_d | | e49d | t26d | ordinal | Plane sehr genau für die Zukunft, 0:nicht zutreffen 10:zutreffend |
| freizeit | | | | e51a | | ordinal | auf Freizeit im Ruhestand freuen |
| altersversgebr | | | | e51b | | ordinal | Fürchte das ich im Alters nicht mehr gebraucht werde, 1: stimme voll zu bis 4: stimme überhaupt nicht zu |
| aufschieben | | | | e51e | | ordinal | Schiebe finanzielle Entscheidungen schon mal vor mir her, 1: stimme voll zu bis 4: stimme überhaupt nicht zu |
| reicht | fi5 | vfi5 | | c34 | t11 | binär | 1: bisher zurückgelegter Betrag reicht aus |
| planen | | v27 | | c35 | | binär | 1: plant weitere Altersvorsorge |
| gedanken | f9 | | | c27 | | binär | 1: Gedanken über benötigtes Geld im Alter |
| subwissen_d | f4a-f | vf4_a-f | | b17a-f | t14a-f | binär | 1: gutes Wissen (Selbsteinschätzung), Aufsummierung richtiger Antworten, Trennung beim Median (24, 6–42) |

| generiert | 1. KB original | 2. KB original | 3. KB original | 1. TB original | 2. TB original | | Beschreibung |
|---|---|---|---|---|---|---|---|
| abschlag | f5 | vf5 | | b18 | t20 | binär | 1: richtige Angabe der prozentualen Rentenminderung, Richtig wenn Wert zwischen 3 und 4,1% |
| entgelt | f6 | vf6 | | b19 | t21 | binär | 1: richtige Beantwortung der Frage über Entgeltumwandlung |
| riester | f7 | vf7 | | b20 | t22 | binär | 1: richtige Angabe des Prozentsatzes der vollen Riesterförderung, Richtig wenn Wert zwischen 3 und 5% |
| zins | f8 | vf8 | | b21 | t23 | binär | 1: richtige Beantwortung der Frage über Guthaben auf Konto |
| wissen | | | | | | ordinal | Zusammenzählen von Abschlag , Zins, Entgelt, Riester |
| beitrag | | | | b23 | | binär | 1: richtige Beantwortung der Frage Beitragssatz der gesetzl. RV, Richtig wenn Wert zwischen 18,9 und 20,9% |
| eckrente | | | | b25 | | binär | 1: richtige Einschätzung der Eckrente, Richtig wenn Wert zwischen 1000-1300€ |
| allwissen | | | | | | ordinal | Zusammenzählen von Wissen, Eckrente, Beitrag |
| einkommen | | | | d43a | t24_2 | ordinal | persönliches Nettoeinkommen gruppiert |
| vermögen | | v31 | | d46 | | ordinal | Haushaltsvermögen 0:gering bis 2: hoch, Kategorien 1-4=0; 5-8=1; 9-12=2 |
| alter | f23 | | | s02 | | metrisch | 20-60 Jahre |
| verheiratet | f24 | | | s03 | | binär | 1: verheiratet oder zusammenlebend |
| kinder | f25 | | | s04 | | ordinal | 0 kein Kind - 4 mehr als 3 Kinder |
| schule | f26 | | | d39 | | ordinal | 0: gering (HS) 1: mittel (RS) 2: hoch ((Fach)-Abi) |
| sparen | fi3 | | | a14 | t24a | binär | 1: spart regelmäßig |
| dmehrvors | | | | e51f | | binär | 1: Sollte stärker für das Alter vorsorgen, als ich es jetzt tue |
| deuroleicht | | | | a08a | | binär | 1: Umgang mit Euro nicht sehr schwierig |
| berufstätig | f27/f28 | | | d42a (d41) | | ordinal | 1:arbeitslos/nicht berufstätig 2:geringfügig/unregelmäßig/Ausbildung 3:teilzeit 4:vollzeit |
| urlaub | | | | | t28 | ordinal | Verschiebung einer Woche Urlaub ins nächste Jahr |
| tageurlaub | | | | | t28a | ordinal | Anzahl Tage extra Urlaub |

## Teilnahme am Intensiv- oder Einstiegskurs

| | | |
|---|---|---|
| Mann | 1: männlich | s01 |
| Verheiratet | 1: verheiratet oder zusammenlebend | s03 |
| Anzahl der Kinder | 0 kein Kind - 4 mehr als 3 Kinder | s04 |
| Interaktion Kinder * Alter | | |
| Schulbildung | 0: gering (HS) 1: mittel (RS) 2: hoch ((Fach)-Abi) | d39 |
| Alter | 20-60 Jahre | s02 |
| Alter zum Quadrat | | |
| Persönliches Nettoeinkommen, 3 Kategorien | Nettoeinkommen 1= niedrig, 2=mittel, 3=hoch; (1=1-2) (2=3-5) (3= 6-8) | t24_2 |
| Interaktion Einkommen * Verheiratet | | |
| Vermögen | Haushaltsvermögen 0:gering bis 2: hoch, Kategorien (1-4=0) (5-8=1) (9-12=2) | d46 |
| Spare ausreichend für Altersvorsorge | 1: bisher zurückgelegter Betrag reicht aus | t11 |
| Fühle mich gut über die Altersvorsorge informiert | 1: Fühlt sich gut über das Thema Altersvorsorge informiert | t13 |
| Objektives Wissen | Summe richtiger Antw. aus 4 Fragen | t20-23 |
| Spart regelmäßig | 1: spart regelmäßig | t24a |
| Tätigkeiten mit greifbaren Resultaten wichtiger | Zeitpräferenz: Tätigkeiten mit greifbaren Resultaten wichtiger, 0:nicht zutreffen 10:zutreffend | t26b |
| Zukünftige wirtschaftliche Situation gut | Zukunft wirtschaftliche Situation; 3 Kategorien; (0-3 = 1) (4-6 = 2) (7-10 = 3) | e47a |
| Lebenserwartung | generiert aus verschiedenen Variablen, beschrieben im Fließtext | |
| Fürchte im Alter nicht gebraucht zu werden | 1: stimme voll zu bis 4: stimme überhaupt nicht zu | e51b |
| Keine Zeit für finanzielle Angelegenheiten | 1: keine Zeit; Dummy aus (1-2=0) (3-4=1) | a10 |

## Planungsverhalten der Telefonbefragung

| | | |
|---|---|---|
| Mann | 1: männlich | s01 |
| Alter | 20-60 Jahre | s02 |
| Alter zum Quadrat | | |
| Verheiratet | 1: verheiratet oder zusammenlebend | s03 |
| Anzahl der Kinder | 0 kein Kind - 4 mehr als 3 Kinder | s04 |
| Interaktionsterm Kinder * Alter | | |
| Schulbildung | 0: gering (HS) 1: mittel (RS) 2: hoch ((Fach)-Abi) | d39 |
| Persönliches Nettoeinkommen | in 8 Kategorien | d43a |
| Vermögen | in 12 Kategorien | d46 |
| Interaktionsterm Einkommen * Verheiratet | | |
| Spare ausreichend für Altersvorsorge | 1: bisher zurückgelegter Betrag reicht aus | c34 |
| Beschäftigt sich ungern mit Fin.-Angelegenh. | 1: beschäftigt sich ungern mit finanziellen Angelegenheiten | a09 |
| Subjektives Wissen | Summe aus Fragen zum subjektiven Wissen; 4 Kategorien: 0 <15, 2 <24, 3 < 33, 4 <43 | b17a-f |
| Objektives Wissen | Summe aus richtigen Antworten zu sechs Fragen eingeteilt in 3 Kategorien | b18-25 |
| Keine Zeit für finanzielle Angelegenheiten | 1: keine Zeit; Dummy aus (1-2=0) (3-4=1) | a10 |
| Schiebe finanzielle Entscheid. Auf | 1: Schiebe finanzielle Entscheidungen schon mal vor mir her | e51e |
| Plane sehr genau für Zukunft | 3 Kategorien (0-3=1) (4-6=2) (7-10=3) | e49d |
| Verbinde Alter mit Krankheit und Pflege | 4 Kategorien; 1: stimme voll zu bis 4: stimme überhaupt nicht zu | e51c |
| Kein Geld zum Sparen | 1: Ich spare nicht, da kein finanzieller Spielraum vorhanden ist | a14 |

## Zusatzvariablen Telefonbefragung

| ltcalldt | Interviewdatum |
|---|---|
| ltcallwd | Interviewwochentag |
| ltcallst | Interviewstartzeit |
| calldurm | Interviewdauer in Minuten |
| callcnt | Interview: Anzahl der Anrufe |
| bula | Bundesland |
| ort | Wohnort des Befragten |
| SystemWeight | Gewichtung 1. Telefonbefragung |
| Systemweight_CATI2 | Gewichtung 2. Telefonbefragung |
| lfdnr | Id, eindeutig für alle Fälle |
| t | = 1, wenn Person am Volkshochschulkurs teilgenommen hat, sonst missing (.) |
| tel2 | = 2, wenn Personen an beiden Telefonbefragungen teilgenommen haben, sonst 1 |

## Planungsverhalten der Kursteilnehmer

| Gedanken über finanz. Bedarf im Alter | 1: hat sich Gedanken gemacht | f9 |
|---|---|---|
| Subjektives Wissen dummy | 1: gutes Wissen (> median) Werte der Wissensfragen wurden aufsummiert | vf4_a-f |
| Objektives Wissen dummy | 1: mindestens drei von vier Fragen richtig | vf5-8 |
| Tätigkeiten mit greifbaren Resultaten wichtig | 1: Bewertung auf der Skala mit mindestens 5 | v35_b |
| Spare ausreichend für Altersvorsorge | 1: bisher zurückgelegter Betrag reicht aus | vf15 |
| Mann | 1: männlich | f22 |
| Anzahl der Kinder | 0 kein Kind - 4 mehr als 3 Kinder | f25 |
| Alter | 22-70 Jahre | f23 |
| Alter zum Quadrat | | |
| Haushaltseinkommen | Haushaltsnettoeinkommen, 8 Kategorien | f29 |